日本標準ブックレット No.11

パフォーマンス評価にどう取り組むか

――中学校社会科のカリキュラムと授業づくり――

三藤あさみ
西岡加名恵

表紙写真／横浜国立大学教育人間科学部附属横浜中学校：撮影　三藤あさみ

はじめに――パフォーマンス評価とは何か

二〇〇八年改訂の学習指導要領では、知識・技能を「活用して課題を解決するために必要な思考力、判断力、表現力」等が重視されています。そのような思考力・判断力・表現力を評価する方法として注目されているのが、パフォーマンス評価です。このことは、中央教育審議会初等中等教育分科会教育課程部会の「児童生徒の学習評価の在り方について（報告）」（二〇一〇年三月二四日）でも紹介されています。

パフォーマンス評価の定義については、この用語の発祥の地であるアメリカでも論者によってさまざまです。しかしながら現在の理論的到達点を踏まえれば、パフォーマンス評価は次の三つの考え方がセットになった評価の立場を示す用語としてとらえることができるでしょう。

第一に、学校で保障すべき学力には、知識・技能を暗記・再生する力だけでなく、文脈において知識・技能を活用する力が含まれているという目標観です。知識や技能は、バラバラなものとして獲得されるだけでは不十分です。それらを自分のものとして使いこなせる状態にするためには、個々の知識や技能が互いに関連づけられ、深く理解されている必要があります。

第二は、パフォーマンス評価の方法を用いる必要性です。つまり、知識や技能が活用できるように身についているかどうかを評価するためには、実際に知識や技能を活用することを求めるような評価方法を用いる必要があります。パフォーマンス評価の方法には、観察や対話による評価や実技テスト、自由記述問題による筆記テストなどさまざまありますが、本書ではパフォーマンス課題（レポートやプレゼンテーションなど）を用いた評価を中心に紹介しています。

第三は、評価規準としてルーブリック（評価指標）を使用することの重要性です。ルーブリックとは、パフォーマンスの成功の度合いを示す数レベル程度の尺度と、それぞれのレベルにあてはまるパフォーマンスの特徴を説明する記述語から構成される、評価基準表のことです。ルーブリックには、各レベルに対応するパフォーマンスの典型的な事例（アンカー）も添付しておくことが重要です。

三藤先生と私は、二〇〇四年度から二〇〇八年度まで五年間にわたって、中学校社会科におけるパフォーマンス課題とルーブリックの開発に取り組んできました。そのなかで、パフォーマンス課題に取り組めるような力を身につけさせるためにさまざまな指導の工夫を凝らし、子どもたちの成長を目の当たりにしてきました。本書では、その成果の一端が報告されています。

評価するという営みは、単なる成績処理の事務作業ではなく、目標を的確に設定し、子どもの実態をとらえ、指導を改善するうえで鍵となるものです。パフォーマンス評価は、そのような評価本来のあり方をめざすうえで確かな指針を与えてくれる考え方です。本書が、これからパフォーマンス評価に取り組もうとされている先生方の一助となることを祈っています。

西岡加名恵

第一章　なぜパフォーマンス課題なのか

――単元「身近な地域の調査」を例に

パフォーマンス課題とは何か

社会科といえば暗記教科というイメージを持っている方は、少なくないのではないでしょうか。中学校社会科の教師である私（三藤）自身、いつも授業中にわき上がってくる次のような疑問に自問自答しながら板書をしていました。黒板に書かれたことを写し取っているだけの生徒たちが、この授業で本当に力をつけているのだろうか……。自分は彼らが大人になったときに必要なことを教えているのだろうか……。教科書に書いてある内容を教師が簡潔に整理してノートに書いて覚えさせるだけで、社会人になったときに一体どんな場面で役に立つのだろうか……。

そんな疑問を何とか解決したくて、いろいろな実践を試みてきました。たとえば「生徒に発言の機会を設ければ、それをきっかけに考えるようになるのではないか」と考え、授業中に生徒を指名して発言の機会を多くするように心がけました。しかし、発問がよいものでないと一問一答の受け答えとなってしまいます。これでは、教師の求める正答を見つけさせているだけで、あまり意味がありません。

さらに、生徒たちに自分の考えを発表させようとも試みました。しかし思春期の中学生がそんなに簡単に、毎回生き生きと目を輝かせて思いを語ってくれるわけがありません。生徒にしてみれば、目的もはっきりしない発表会や話し合い活動は興味がわくものではありません。すぐに関係のないおしゃべりに変わってしまうクラスもありました。

パフォーマンス課題との出会いは、そんな悩みを解決する道筋を与えてくれるものでした。パフォーマンスという言葉は、「実際に何かを表現してみせる」という意味合いで使われることが多いと思います。パフォーマンス課題というのは、「リアルな文脈（あるいはシミュレーションの文脈）において、知識やスキルを総合して使いこなすことを求めるような課題」(1)のことです。レポートのような筆記の表現もあれば、口頭で行うプレゼンテーションや話し合い、劇化といった実演の表現も考えられます。絵画を描く、写真を撮るなどの視覚的な方法もあるでしょう。

本章では、まず地理的分野の単元「身近な地域の調査」で、パフォーマンス課題を取り入れた授業の様子を紹介しましょう。

単元「身近な地域の調査」の目標とパフォーマンス課題

単元「身近な地域の調査」では、生徒が教室で覚えた地図記号や縮尺、方位を活用して地図を使って調査に出かける活動を行います。この実践を行った二〇〇七年当時、この単元は中学一年生の夏休み前後に行うように設定されていました。二〇〇八年改訂の新学習指導要領では、二年生の後半に取り組むことになりました。地理的分野の学習のまとめとして、総合的に力を発揮する場としてふさわしい単元だと思います。

新学習指導要領では、新たに「地域社会の形成に参画しその発展に努力しようとする態度を養う」ことが、内容につけ加えられています。このために内容の取扱いでは、「自分の解釈を加えて論述したり、意見交換したりする」こととされています。

さて、それでは「自分の解釈を加えて論述したり、意見交換したりする」ことを行う際に、具体的にどのようなことができるようになっていれば、生徒たちが確かに成長したといえるのでしょうか。単元の内容をすべて学んだあと、それらの内容を生徒たちにはどのように活用・総合してほしいのでしょうか。

単元末に生徒がどんな姿に成長していてほしいのか、そのような理想の姿を考えることによって、目標（ゴール）が、生徒たちのパフォーマンスとして、どのように具体化されるのかが明らかになってきます。

この単元では、学習の到達点として、資料１-１のようなパフォーマンス課題を設定しました。学習の時期は変わりましたが、新学習指導要領においても、同じパフォーマンス課題を用いることができると思います。

資料1－1　パフォーマンス課題「よりよい地域を提案しよう！」

あなたは、都市計画の研究者です。この度、神奈川県庁から、よりよい地域を作るためのアドバイスを求められました。あなたの住んでいる町（または区や市）の特色をとらえた上で、なぜそのような特色があるのかを説明してください。そして、よりよい地域（町や区や市）を作るための提言レポートをまとめた上で、県庁で行われる会議で報告してください。

それには現在どんなことが問題としてあって、どのようにしていったらよりよくなるのかアイディアを考えてください。

（例）「若い人が暮らしてくれるような町づくり」「地元の商店街の活性化」「ベッドタウンの継続的な発展」「災害に強い町づくり」など

単元の流れ

パフォーマンス課題を単元の到達点としたら、生徒がよりよいパフォーマンスを生み出せるように授業の流れや方法を考えます。

次ページの資料1－2にあるように第Ⅰ次の授業では、「生徒に理解させたい内容」を教師が意識しつつ、学習の最後のまとめとして取り組むことになるパフォーマンス課題を共に示します。学習内容を紹介しながら「本質的な問い」を投げかけて、この単元を通して考えてほしいことは何かを生徒に伝えます。

資料１－２　単元「身近な地域の調査」の指導計画（全13時間）

次	「本質的な問い」と項目ごとのおもな問い	時	生徒に理解させたい内容（◇は活動）
第Ⅰ次	オリエンテーション ○今、身近な地域はどのような状況にあるのか。地域が発展するにはどうしたらいいのか。 ○身近な地域の特色は、どのようにとらえられるのか。身近な地域の特色（人口・産業、地図・統計資料）は、どのように変化してきたのか。それはなぜか。 ○今後どのように地域を変えていくことができるのか。 ○よりよい町づくりを考えていくにはどのように地域をとらえたらよいのか。	第１時	◇本質的な問いへの考え方と大まかな内容を理解する。 ＊パフォーマンス課題の取り組みについて理解する。 ○身近な地域の状況は、人口（分布・密度・構成）、産業（分布・種類など）、環境などでとらえられる。 地域の産業が発展するかどうかは、自然環境と政策、人口構成や他の産業の分布、交通網などに影響されている。 ○今後、地域を変えていくにはまず現在の地理的条件を理解する必要がある。その上で自然環境にも配慮し問題点を見いだしそれを人々がより豊かで幸せを感じるように解決していくべきである。 ○地域のよいところや問題点を見つける必要がある。そのためには実際に野外調査を行ったり聞き取り調査を行ったりして自分自身で気づくことが大切である。 ◇地図にまとめて問題点を挙げてみる。
第Ⅱ次	○地域調査のためには地形図から何を読み取るべきなのか。 ○「よりよい町にするためにはどのようにしたらよいのか」を明確にしたレポートをつくるためには、どのような地理的な知識が必要か。	第２時 ~第３時 第４時	○同じ地域の新旧の地形図を比較したり、詳しく読み取ることで地理的な変化に気づくことができる。そのことが自分の問題意識を持つことに役に立つ。そのためには地図記号や等高線の約束事を知る必要がある。 ○重要な内容を地図やグラフ、表にまとめて提言したいことを簡潔にまとめるべきである。そのためには内容にふさわしい地図やグラフを作成して説明する必要がある。 ○わかりやすいまとめ方はどのようなものか思考する。
宿題	パフォーマンス課題の下書き		◇提言レポートの作成計画を立てる。 ◇下書きのワークシートをもとにして地域調べを各自行う。 ◇夏休み中に下書きを完成させる。
第Ⅲ次	話し合い活動及びプレゼンテーション	第５時 第６時 第７時 第８時 第９時 ~第10時 第11時 第12時 ~第13時	◇同地域または問題意識が近い者どうしで班をつくる。 ①何が問題なのか明確にしながら夏休みに調べたことを発表する。 ②その地域の地図を見ながら、班のなかで一番に改善するべき問題点を決定する。 ③②で決定した問題点がなぜその地域で起こっているのか仮説をなるべく多く考えて付箋に記入する。 ④班員から出てきた仮説を分類して同じ内容のものをまとめて名前をつける。 ⑤他の班の発表を聞いて方法や内容を比較・検討する。 ⑥今までの学習内容や検証結果をもとに自分のレポートにあてはめて改善点を考えながらレポートの清書をする。 ⑦清書したレポートを使って班内でプレゼンテーションを行う。全体報告会準備 ⑧班ごとに⑦のプレゼンテーションの内容をまとめて全体に報告をする。 ⑨活動のふり返り

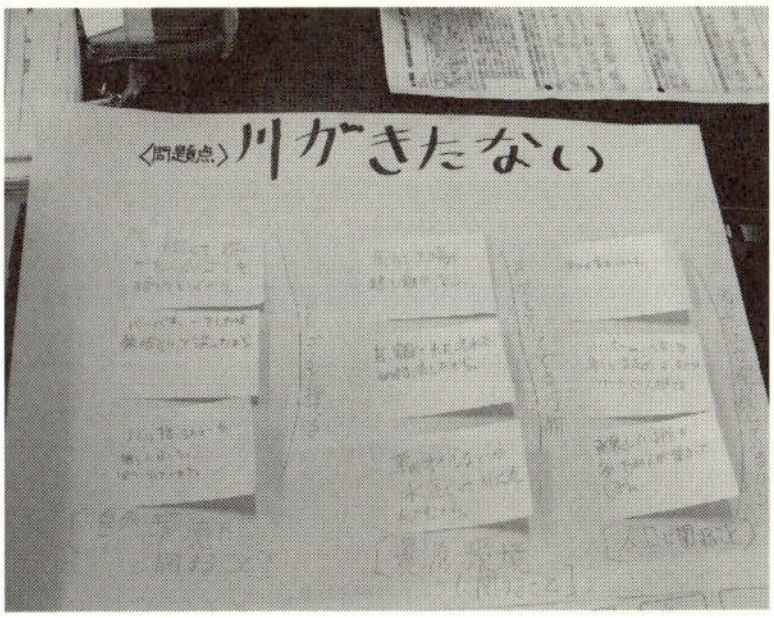

資料１－３　班ごとの話し合いのまとめ

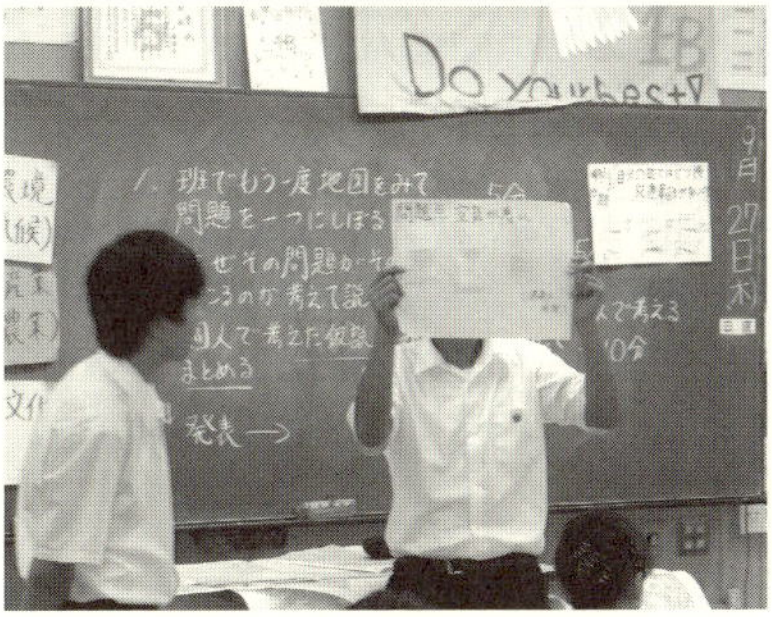

資料１－４　クラス全体で疑問点や問題点を共有する

第Ⅱ次の授業では「本質的な問い」と関連する学習内容に即したより小さな（より具体的な）問いを投げかけます。また、今時の授業の内容はパフォーマンス課題とどう関係があるのか、どこが重要なのかを、説明することで生徒も見通しが持てるようになります。

子どもたちの話し合い

この実践では、夏休みに入る前に教科書に沿って地形図の読み方や地理的条件の例を確認しました。そして夏休みには、自宅周辺を歩いて気づいたことやわき出た疑問を地理的条件の例のいずれにあてはまるのかを分類し、パフォーマンス課題であるレポートを下書きすることまでを宿題としました。

夏休み明けには、持ち寄った下書きをもとに、「地域の問題だ」と感じたことが「なぜそこで起きているのか」という仮説を立てさせることにしました。[2] 話し合いの班は比較的地域や問題意識の近い生徒どうしが集まるように、教師が分けました。

資料１－３の写真はそのなかの一つの班のものです。

班のなかではまず、地形図に印を入れて、自分が見つけた問題や疑問を発表します。

A「私は、○○公園に行ってきたんだけど、小さい子が遊んでいるかと思ったら、ゲートボールをしているお年寄りが多くて驚いちゃった」

B「私はAさんが行った公園の近くのこの踏切で（地図中の位置を示す）気づいたんだけれど、たくさん車が通るわりには道が狭くていつも渋滞しているんだよね」

C「そのあたりって車の音もうるさいし、排気ガスもすごいんだ」

D「僕は□□川を歩いてみたよ。どこまで続いているのか興味を持って歩いたんだけれど、土手を歩いているうちに川にゴミや油が浮いていて臭いもひどいところがあったんだ」

C「そうそう、私の家は川の近くのマンション（地図中の位置を示す）だけれど、風の向きによっては臭うこともあるんだよ」

A「Dくんが言ったように、この地域は川が流れているのとあまりきれいでないことが大きな特徴かもしれないね。川を中心にまとめてみようか……」

（□□川がなぜ汚いのか、付箋に自分の考えを書く）

D「この川でよくバーベキューをしている人たちを見かけるんだけれど、ゴミをそのまま置いていく人って多くない？　それが臭くなるんだよ」

B「それだけじゃなくて、そこで食器洗ったりしてない？」

C「お母さんが言っていたけれど、昔は家から出る汚水とかそのまま川に流していたとか……」

A「最近は直接汚水を流さなくても、人が増えているからみんなで使うと汚れてくるのかなあ。ゴミを出しても、拾う人は少ないんじゃないかな」

夏休みが明けて久しぶりに会う友人との会話を楽しみながら、自分が調べてきたことを活発に語る生徒たちの姿が見られました。今まではその存在を当たり前に感じていた公園や川、鉄道の踏切や狭い道などを改めて話題にしてみることで、日常生活に新鮮さを感じたようでした。

そして話し合いのあとに、クラス全体の発表会を行い、疑問点や問題点を共有しました（資料1－4）。

ルーブリックとは何か

話し合いや発表会のあとは、生徒各々がレポートの下書きを見直して改善点を見つけます。そして、これまでの学習すべてを思い出しながら清書に取り組みます。それでは実際に作成された生徒のレポート（資料1－5・一二ページ）を見てみましょう。

この生徒は自宅付近で見かける渋滞に着目したことで、その原因について疑問を持ったようです。そして地図からなぜ渋滞が起こるのかの原因のひとつを見いだしました。中学校に入学して半年程度の生徒たちだったのですが、自分なりの解釈や意見を持つための大切な練習となりました。

ところで、このレポートを作成する前に、生徒にはレポートの評価規準を示しました。それが

資料1－5　パフォーマンス課題「よりよい地域を提案しよう！」の作品例

レポート用紙＊すべて枠の中に入れてください　　　組　　番氏名

保土ヶ谷区岩崎町

岩崎のガードで渋滞が起こりやすいのはなぜ？

①ぼくの家は、保土ヶ谷区の岩崎町にあります。住んでいるマンションの近くには、国道一号線につながる、岩崎ガードがあります。岩崎ガードには、ある特徴があります。それは、大して広い道でないのに、よくに渋滞が起こるということです。そのことについて仮説をたてて、調べてみました。

②ぼくの仮説は、保土ヶ谷区には、車が多すぎるのでは？ということでした。保土ヶ谷には、国道一号などの、主要な道路がたくさん通っているからです。→

③調べてみると、ぼくの仮説以外にも、理由がありました。保土ヶ谷区は中心を東海道・横須賀線が通っていて北と南に分断されています。家と渋滞地帯は北、国道は南にあります。北と南は、行き来する所が限られているので、自然と、ガードやふみきりには、車が集まってきます。地図を見ると、岩崎町のガードは、岩崎ガードだけでした。つまり、国道一号にでたい車は、岩崎ガードを使うしかない。車がどんどん集まるのですが、道がせまいので結まってしまいます。そこで、渋滞が起こってしまいます。地図で見ると、なんでもないような道路だけど重要な交通の要所とも岩崎ガードは言えるのです。

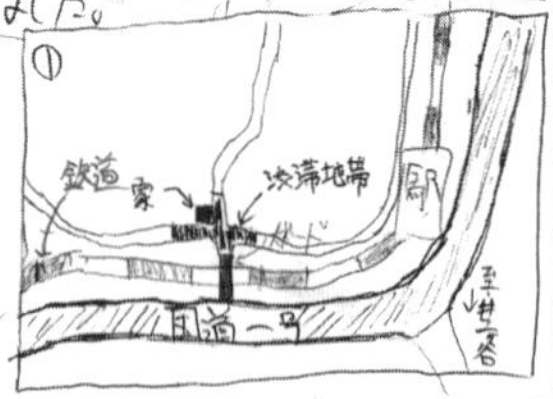

②信号の開く時間
約30秒
信号待ち
約3分
ピーク時にやってくる車
1分あたり5台
30秒でさばける車の数
10台程度（計測・星田）

④実際の所、夜でも車が通ってうるさいし、パトカーなども通るのでかなりうるさいです。また、ベランダも道路に面しているから、使いにくいです。ぼくのマンションの周りには人家がたくさんあるから結講迷惑していると思うし、駅に行きたい車も、渋滞に困ってしまうと思います。これを改善するならば、他にもガードを作るというのもアリですが、難しいのならば、岩崎ガードの信号をもっと長くあけることがあります。岩崎ガードは重要なのに、あまり信号が開きません。ここの血流を良くしてやれば、南北に分断された町も、交通の便が、格断と良くなると、ぼくは思います。

資料1-6（一四ページ）のルーブリック（評価指標）です。「はじめに」にもあるように、ルーブリックというのは、パフォーマンスの成功の度合いを示す数レベル程度の尺度と、それぞれのレベルにあてはまるパフォーマンスの特徴を説明する記述語から構成される、評価基準表のことです。[3] これを示すことで、教師が何をゴールにしているのか、ということが生徒にも理解できるようになってきます。

パフォーマンス課題では、生徒に自分の主張を語らせる機会が多くあります。教師の願いとしては、ある価値に即して判断してほしいということはあるでしょう。しかし、ルーブリックが示しているように、その特定の価値を表現しているかを評価の観点にしているわけではありません。留意したいのは、子どもが精一杯考えて価値判断に至るまでに、事実に即して考えることができる思考力・判断力を育てることを目的としていることです。

パフォーマンス課題を取り入れるメリット

パフォーマンス課題というアイディアに出会うまでの自分の授業では、教科書に太字で書かれている重要な語句をいかに正確に覚えさせるか、ということから抜け出せていませんでした。高校入試のときに生徒が困らないようにするためだから……と思い込んでいました。授業中に歴史の流れや背景を考えさせる機会をつくったとしても、教師である私が正しい答えを準備しておいて、最終的には教科書通りに覚えさせようとしていました。どこかでおかしいと感じながらも、

資料1－6　パフォーマンス課題「よりよい地域を提案しよう！」のルーブリック

レベル	パフォーマンスの特徴
4 良い	・地理的条件の例から特色に見合った身近な地域の特色を説明している。 ・その地域の特色について、「なぜそのようなことが起こっているのか」について仮説が複数立てられている。 ・仮説をもとに改善点を考え、筋道が通っていて建設的な提案がされている。 ・レポートの内容に適した資料を選んで説明している。
3 合格	・地理的条件の例から身近な地域の特色を説明している。 ・その地域の特色について「なぜそのようなことが起こっているのか」について仮説を立てている。 ・仮説をもとに改善点が考えられている。 ・資料を用いて説明している。
2 もう一歩	・身近な地域の特色を説明しているが、地理的条件の観点が抜けている。 ・その地域の特色について「なぜそのようなことが起こっているのか」について仮説を立てているが、説明が不足している。 ・資料を用いているが活用の仕方がもうひと息である。
1 かなりの 改善が必要	・身近な地域の特色がつかみきれていないため、あいまいである。 ・その地域の特色について「なぜそのようなことが起こっているのか」がなく、地域の事実を並べたものになっている。 ・資料を用いていないか関係ない資料を用いている。

それ以外の方法に今ひとつ自信が持てませんでした。しかし、パフォーマンス課題を設定して授業を計画するようになってからは、「教科書を暗記させないと、力はつかない」という呪縛から解き放たれたのです。なぜなら生徒たちに実際に重要な知識やスキルを使わせることによって、確実に力をつけさせることができるからです。

単元「身近な地域の調査」は、生徒が地形図に示されているものを直接見たり、触れたりして、気づくことや発見することを大切にしています。机上の学習で終始しがちな社会科において、とても大切な単元です。しかし実際には、観察や調査をした内容を紹介して学習のまとめをするだけの授業にもなりがちです。私自身、せっかく時間をかけて調査などをさせているのに、さらに深める術《すべ》を、以前は思いつきませんでした。また、評価しようにも、だれがどのくらい考えを深めることができたのか確認する機会がありませんでした。

パフォーマンス課題を取り入れることで、教師は生徒がどのくらい深く思考できるようになっているのかを把握することができます。単元末に、生徒にどんな姿に成長してほしいのか、その理想の姿を先に考えておいたほうが、単元の過程でも、より目標に即した指導ができます。生徒に「何のために行う活動なのか、何ができるようになってほしいのか」というゴールを明らかにすることで、活動の方向が定まります。学習する単元や分野が変わっても、思考する練習をつねに続けることで、長期的に思考力の成長を促していくことができます。それがパフォーマンス課題を取り入れた授業のよいところだと感じています。

しかし、よいパフォーマンス課題をつくらないと、充実した授業はできません。次章では、パフォーマンス課題やルーブリックのつくり方を詳しく説明しましょう。

（1）西岡加名恵「パフォーマンス課題の作り方と活かし方」西岡加名恵・田中耕治編『「活用する力」を育てる授業と評価 中学校』学事出版、二〇〇九年、八ページ。

（2）この考え方は、次の文献を参考にした。小宮信夫『犯罪は「この場所」で起こる』光文社新書、二〇〇五年。中川正・森正人・神田孝治『文化地理学ガイダンス』ナカニシヤ出版、二〇〇六年。なお、これらの文献については、追手門学院大学教授・鋒山泰弘先生にご紹介いただいた。

（3）西岡加名恵『教科と総合に活かすポートフォリオ評価法』図書文化、二〇〇三年、一四四―一四五ページ。

第二章　パフォーマンス課題のつくり方

――単元「近現代の日本と世界」を例に

「逆向き設計」論

本書で紹介しているパフォーマンス課題は、「逆向き設計」論にもとづくものです。教育によって最終的にもたらされる結果から遡って教育を設計する点、また通常は指導が行われたあとで考えられがちな評価を先に構想する点から、「逆向き設計」論と呼ばれています。(1)

「逆向き設計」論にもとづいてパフォーマンス課題をつくるには、まずその教科の中核部分は何か、生徒に身につけさせたいことは何かを、教師自身が明確に考えることから始めます。具体的には、その単元で学ばせたい「重要な知識とスキル」は何か、大人になっても子どもたちに身につけておいてほしいような「永続的理解」は何かを考えます。(2) あわせて「何ができるようになったら、めざした学力が身についたといえるのか」ということも考えておきます。その単元で学習した内容を総括して考えるようなパフォーマンス課題をつくるのです。このように単元を始める前に、学習内容とともに評価方法を設定することに、大きな特徴があります。(3)

それでは、歴史的分野の単元「近現代の日本と世界」を例にして、具体的にパフォーマンス課題のつくり方を紹介していきましょう。

重点目標を検討する

まず、「近現代の日本と世界」の単元全体で理解させておきたい中核部分は何かと考えます。今回は、第一次世界大戦前後から第二次世界大戦が終わるころまでの時代をひとつの単元としました。知識として理解させたいことに日清戦争、日露戦争、第一次世界大戦、国際連盟成立、大正デモクラシー、世界恐慌、第二次世界大戦などがあります。またスキルとしては、資料を読み取ったり、それをもとに自分の考えを述べたりすることだと思います。しかし単元全体を通して重要なのは、度重なる戦争の背景や社会への影響といった時代の変化をとらえられるようになることではないかと見当をつけました。

その際には、学習指導要領の目標の一部を意識して考えました。「国際社会に生きる平和で民主的な国家・社会の形成者として必要な公民的資質の基礎を養う」ために、考えさせたいこと、できるようになっていてほしいことを想像してみたのです。そして学習に入る前にもう一度、重点目標が単元内の内容全体を俯瞰して本当に中核といえるかどうかを検討しました。

以前の自分の授業で失敗だと感じるのは、自分自身の興味や深く知っていることばかりに偏った授業をしてしまったことです。もちろん、その教師ならではの持ち味を生かすことも必要ですが、あまりにも偏った時間配分や内容は生徒のためにはならないでしょう。

「本質的な問い」を設定する

単元の中核部分を明確にしたら、それに向かって考えるように生徒たちを促すことが必要です。そのために「本質的な問い」を考えます。「本質的な問い」とは、教科の中核部分に位置しており、また生活との関連も見えてくるような問いのことです。論争的で探究を触発し、さまざまな文脈で活用できるという特徴を持っています。[4] その問いに答えようとすることで、生徒たちは単元の内容を検討し直し、全体を関連づけて考えることができるようになります。「本質的な問い」をつくるときには、単元にちょうどよくあてはまる大きさの問いにすることが大切です。漠然として大きすぎる問いを設定すると、教師が想定するような範囲を超えて、学習内容と関係ない応答になってしまうことが多くなります。逆に問いが小さすぎると応答が限定されてしまいがちです。

今回の単元では「なぜ戦争が起こるのか？　どうすれば戦争が防げるのか？」という問いをつくりました。これを第一次世界大戦前後から第二次世界大戦が終わるころまで、約五〇年間の流れをとらえる授業のなかで繰り返し問いかけます。問いかけることで、戦争が起きたことに関係のある事象や、それが起きた社会背景を、生徒たちがじっくり考えるきっかけとなります。また、戦争についての詳細な経過を記憶するだけにとどまらず、その原因をさまざまな事象から分析し、戦争を防ぐ手立てはなかったのかということにも思いが及ぶようになります。

授業のなかでたびたび問いかけて考えさせながら進めることで、社会の出来事は必ず、さまざまな事がらと結びついて起きていることに気づき、その背景を推察する力が養われるのではないかと思います。

なお、「本質的な問い」には、教科全体を包括するものと、そのなかに単元ごとのものがあって、入れ子状になっています。[5] それらが一貫するように確認しながらつくっていきました（詳細は五二—五三ページの資料4‐6参照）。

「永続的理解」を明文化する

「本質的な問い」をつくったら、それに対応する「永続的理解」を文章化します。「逆向き設計」論でいう「理解」とは、知識とスキルを洗練された柔軟なやり方で使える状態を指し、説明する力、解釈する力、応用する力、全体像のなかに位置づける力（パースペクティブを持つ力）、共感する力、自己評価する力などとして表現されるものです。[6] また「永続的理解」とは、「理解」のなかでも特に重要なものを意味しています。

「永続的理解」を検討するときには、いろいろな場面で役に立ちそうな内容か、大人になっても身につけておいてほしい「理解」か、学問の中核部分で繰り返し登場するような内容か、子どもがつまずきやすい内容か、[7] という四つの条件にあてはまるかどうかを考えます。これは、教科の専門的な知識を深く理解していないとなかなか文章化することができません。

そこで、「永続的理解」を考える際には、学習指導要領を読み直したり、国立教育政策研究所が提示している「評価規準」を参考にしたりしました。また、近現代史の専門書を読んでみたり、百科事典を引いて基本的な用語を確認したりもしました。さらに教科書を読み直して、単元の全体を通して把握させたい内容は何かと考えました。これらを調べて共通している考え方や繰り返し出てくる事がらに注目して、中核にあるものを判断しました。

今回の単元における「本質的な問い」である「なぜ戦争が起こるのか？　どうすれば戦争が防げるのか？」に対応した「永続的理解」としては、次の資料２－１に示したものを考えました。私が考えたものはまだ改善の余地はたくさんありますが、ひとまず「この程度のことは考えられるようになっていてほしい」という内容を明らかにしてみたのです。

資料２－１　「なぜ戦争が起こるのか？　どうすれば戦争が防げるのか？」に関する「永続的理解」の例

・現代の二度にわたる世界大戦は帝国主義国家による植民地支配、民族至上主義による他民族迫害、世界恐慌からくる経済的な社会不安、仮想敵国を想定した同盟や条約などが複雑に結びついて起こり、現在の国際関係にも影響を及ぼしている。
・日本は明治維新以降、欧米諸国と対等な関係を築こうと、近代国家をめざして急速に発展を遂げた。その結果、普通選挙制や政党政治が実現するなど民主化が進み、大戦景気などをきっかけにして産業が発展した。反面、国際的な経済拡大競争に巻きこまれ帝国主義化していくといった負の側面もあらわれた。これらの出来事が現在の社会や外交関係にも大きな影響を及ぼしている。

しかし、このような文章を丸暗記しただけでは本当に理解したことにはなりません。この考えが持てるようになり、また持てたことの証拠となるような作品をつくれるようなパフォーマンス課題を設定することが必要です。

パフォーマンス課題のシナリオをつくる

パフォーマンス課題のシナリオをつくるときは、①パフォーマンス課題の目的は何か、②その課題のなかで生徒が果たす役割は何か、③だれを相手に表現するのか、④想定されている状況は何か、⑤生み出すべきパフォーマンスは何か、⑥評価の観点は何か、という六つの要素を考えます。(8) 役割や相手、状況はシミュレーションでも構いません。これらの要素を学習する単元にあてはめて、内容をバランスよく扱えるように配慮します。

あらすじが決まったら、あとは生徒たちが楽しく取り組めるような工夫をします。授業中の生徒の様子を思い浮かべて、どんな役割だったら興味を持って意欲的に取り組めるだろうかと想像しながら仕上げます。でき上がったら一度、教師自身がその課題に取り組んでみます。レポート作成を課すのなら、自分でモデル・レポートをつくってみます。取り組む際にはどんなところが難しく感じられるのか、どのような支援が必要になるかなどを考えると、生徒の気持ちも理解できます。この準備で、授業の流れをさらに具体的に計画することができます。

単元「近現代の日本と世界」では、資料2-2のようなパフォーマンス課題を考えました。この課題で生徒たちは「政治学者」役を演じて、意見を戦わせることになります。何度かパフォーマンス課題に取り組んでいるうちに、新しい単元に入るとまずどんな役割になるのか、楽しみにする生徒も見られるようになりました。また、話し合い活動を行うことで、自分とは違う考えを持ったクラスの友人と意見交換することが楽しく感じられてきたようでした。

資料2-2　パフォーマンス課題「国際シンポジウムで提案しよう！」

あなたは、平和を守るための調査や研究をしている政治学者です。ところが、二〇世紀の初めから世界のいろいろなところで戦争が起こるようになりました。第一次世界大戦、第二次世界大戦と規模が大きく犠牲者も多く出た戦争が二度にわたり起こったため、世界に向けて「なぜ戦争が起こるのか？　どうすれば戦争を防げるのか？」について提言するレポートを作成することになりました。

その前に、関係したそれぞれの国の研究者とシンポジウムで意見交換することになります。あなたもそのメンバーとして世界平和に役立ち、「なるほどなあ……」と思わせることができるような発言をしてください。

ルーブリックをつくる

一方、ルーブリックをつくる手順は、次の通りです。①パフォーマンス課題を実践し、生徒の作品を集める。②ぱっと見た印象で、作品を「5　すばらしい」「4　良い」「3　合格」「2　もう一歩」「1　かなりの改善が必要」の5段階で採点する。③採点結果に即して作品を分類する。④それぞれの点数の作品群を見て、特徴を読み取り、記述語を書く。

この作業は、複数の教師でできれば理想的です。そうすれば、お互いの評価規準を交流することができますし、知恵を持ち寄ってよりよい評価規準をつくることができます。ただし、②の採点の際には、お互いの採点がわからないようにします（たとえば作品の裏側に付箋で採点を貼り付け、③の作業で付箋を表に貼り直します）。意見が分かれた作品があれば、とりあえずそれらの作品は横にどけておいて、④までの作業を終えたあと、改めて検討します[9]。

資料2-3は、パフォーマンス課題「国際シンポジウムで提案しよう！」を評価する際に用いたルーブリックです。参考までに、レベル5に該当する生徒の作品も、二六ページの資料2-4に示しています。この生徒の場合、模擬国際シンポジウムでは、「条約・同盟」が戦争の一番大きな原因であり、平和を実現する鍵だと主張していました。話し合いでは「経済」や「民族・宗教」といった要因のほうが影響力が大きいという反論も出されましたが、資料2-4の作品では、そのような反論も踏まえつつ思考を深めていることがうかがわれます。歴史の流れに関する知識も正確で、自分の言葉で説明できています。

資料2－3　パフォーマンス課題「国際シンポジウムで提案しよう！」のルーブリック

レベル	パフォーマンスの特徴
5 すばらしい	なぜ戦争が起こるのかについて時代の流れと当時の状況を把握して最適な内容で具体的に語られている。 どうしたら平和を保てるかについて戦争の原因から導き出して関連づけて主張をしている。経済、民族・宗教、条約・同盟、政治など、複数の事がらを総合的に関連づけて主張している。主張に最適な資料やデータを用いて効果的に活用している。全体的に文章や流れがわかりやすく、事実の解釈の仕方が完全で、主張も強固で説得力がある。
4 良い	なぜ戦争が起こるのかについて時代の流れと当時の状況を把握して具体的に語られている。 どうしたら平和を保てるかについて戦争の原因から導き出して関連づけて主張している。経済、民族・宗教、条約・同盟、政治など、複数の事がらを総合的に関連づけて主張している。主張に必要な資料やデータを用いて効果的に活用している。事実の解釈の仕方は完全である。
3 合格	なぜ戦争が起こるのかについて時代の流れと当時の状況を把握した具体的な例が書かれている。戦争が起こる原因について経済、民族・宗教、条約・同盟、政治など、いずれかについて史実にもとづきはっきりとした主張をしている。 どうしたら平和を保てるかについて主張している。ただし、主張に必要な具体的な資料やデータが少ないか扱い方がやや浅い。
2 もう一歩	主張はあるが、根拠になる史実のおさえが弱い。または取り上げた史実の解釈に誤りがある。史実を取り上げて説明しているが、主張は感想にとどまっている。
1 かなりの 改善が必要	事実が羅列されているだけになっていて主張がない。または未完成である。

資料2－4　パフォーマンス課題「国際シンポジウムで提案しよう！」の作品例

全ては平和の為に―

条約、同盟を有効的に使う!!!

58期生　社会科通信　ワークシート　NO57

組　　番氏名

・戦争の起こる原因・

第二次世界大戦を例にとってみると、この戦争の起こった一番のきっかけは"ベルサイユ条約"であると言える。『ベルサイユ条約"では、アメリカ、イギリス、フランス、日本（協商国）の利益を優先させ、戦いに敗れたドイツ（同盟国）には国家収入の17倍の賠償金等が課せられた。（→資料1）その結果世界恐慌によって経済が混乱し、ドイツは財政が苦しくなりそこへヒトラーが出てきてナチスの一党独裁を展開し、"ベルサイユ条約"の破棄やドイツ国民に民族的な優越感を持たせる為にユダヤ人迫害を行った。（→資料2）』●このように、戦争が終わっても敗戦国だとして『条約』というもので不当な扱いをされ、その中で苦しんでいる人々が「どんな手を使ってでも自国を平和にしたい」という気持ちから、また戦争へとつなげてく『戦争への連鎖反応』をつくり上げてしまう。（ただ直接戦争につなげていったヒトラーは経済的に苦しいドイツを助ける為に出てきて様々な政策をし、最終的には国民の指示を得てトップに立っているのだから『経済的な要因』であるととらえることもできる。）この連鎖反応が起こるきっかけはまさしく『条約』があるからで、時によって『条約』が対等に結ばれたり、"ベルサイユ条約"のような一方が得をしてもう一方が損をするという条件であったりする。ただ、ナチスによるユダヤ人虐殺の背景には『民族・宗教』も絡んでいると思う。ユダヤ人は、自分達は神から選ばれた民族だという意識を持っていて、おそらくナチスにとってこれをほおっておくのは、国民の非難を浴びる＝政権が倒れるということだったので、このような政策が行われたのではないかと考える。●『また、ドイツ、イギリスの間で結ばれた"宥和政策"と、ドイツ・ソ連の間の"独ソ不可侵条約"でも同じことが言える。"宥和政策"により、軍備の拡張を急速に行うドイツに対し、自国を傷付けたくはないという思いから、行動を喰い止めることすらできなかったイギリス。ドイツのまさかの"独ソ不可侵条約"破り（1939年のポーランド侵攻）』●これらの出来事からも分かるように、それぞれが自国に有利になるように『条約』を結んでも、何かしら自国に不都合になるものは必ず出てきてしまう。それを人々がしっかり把握できていないことで、ただ自分勝手に事を進めているだけの流れに社会全体がなっていくのである。●ただドイツが"独ソ不可侵条約"を破り第二次世界大戦を始めたのは、『人間の欲』が一番関係していることだと思う。いくら『条約・同盟』でそれが叶ったとしても、『欲』というのは次々と出てくるものである為、『欲』を第一に考えて行動していれば、それだけにとらわれてしまい、冷静に物事を考え、処理していくということができなくなり、その結果、このような大惨事を招くことになり兼ねない。

ベルサイユ条約　1919年　資料1

ベルサイユ条約の調印

1　ドイツは賠償としてザール炭鉱をフランスにゆずる。
2　ドイツはポーランド、チェコ、デンマーク、フランス、ベルギー、リトアニアに領土をゆずる。（領土の6分の1）
3　ドイツは海外領土・植民地を全部失う。
4　ドイツは陸軍兵力10万人、海軍力軍艦総トン数10万トン、その他の制限。
5　賠償金1,320億金貨マルク支払う（1921年）。

← 全て協商国に有利になるようなもので、ドイツは世界的にも低く見られてしまっていることが分かる。

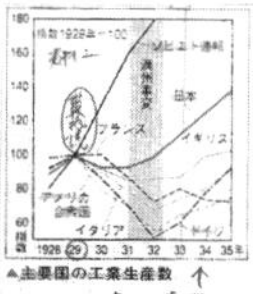

▲主要国の工業生産数

↑ ドイツは資本主義国である為、世界恐慌によって工業生産数が一気に落ち込み、それがドイツの財政を増々苦しめることとなったのではないか。

▲ドイツ・イタリアの侵略

資料3

↑ドイツは様々な口実や条約破りをして植民地を広げていったが、この時のドイツは財政の苦しさにより、こうすること以外に打つ手は一つもなかったのではないか。

・平和になる為には…・

まず、『条約・同盟』を結ぶ時はお互い対等な立場で、決して利益を求めて行わないことだ。何かあった時に『条約・同盟』をきっかけにして戦争を起こすという『条約・同盟』の扱い方自体が間違っているのだということを、それぞれの国の指導者はもちろん、一人ひとりの国民にも知ってもらわなければならないと思う。人間の『欲』は誰にも止められないものであるし、そういったものを政治に影響させないように気を付けていても我慢の限界というのはある。しかし、その『欲』によって人々が支配されてしまうことはなんとか避けねばならず、今、私達に要求されているものは冷静に平和について考えることではないだろうか。今まで起こしてきた戦争をこうして振り返ることで、様々な問題が浮上し、またその中で共通している問題点（課題）というのもあるはずだ。『条約・同盟』はあくまで今の平和な状態をこれからもずっと保ち続けよう、またはお互い協力し合いながらよりよい生活を送っていこうなどの独自のルールを一緒に守っていこうというもので、決して損得という低レベルの問題で結ばれるものではないと思う。「世の中を平和にする為にはどうすればよいか」という関心を一人ひとりが持ち、『条約・同盟』の本当のあり方について真剣に考えていけば、「平和」は実現するであろう。昔の誤ちを二度と繰り返さない為にも、また、国際連盟の設立に向けて全力を尽くしたウィルソン大統領や、アメリカのルーズベルト大統領とイギリスのチャーチル大統領との間の"大西洋憲章"（1941.8）などの行動からも分かるように、平和に向けての運動を積極的に繰り広げる。これが一番大切なことだと思う。

このようなルーブリックは、できれば学習の過程で、パフォーマンス課題に取り組ませる前に生徒たちにも示したほうが、より効果的に学習に取り組ませることができます。前述の生徒の作品を集めてからルーブリックをつくる方法では、課題に取り組ませたあとでないとルーブリックをつくることができません。しかし、パフォーマンス課題については、繰り返し類似のものに取り組ませることになるため、実際には、前の単元までにつくったルーブリックを参考にすることができます。単元「近現代の日本と世界」で生徒たちに示したルーブリックは、ひとつ前の単元「明治維新」で生徒たちがつくった作品をもとにつくったルーブリックを下敷きにしたものです。資料2-3の記述語を見ると、扱う時代は変わっても、発揮してほしい思考力・判断力・表現力には共通する特徴（下線部）が期待されることがおわかりいただけることでしょう。

パフォーマンス課題づくりのポイント

最後に、パフォーマンス課題をつくる際には、二つの発想が必要だと思います。

ひとつは、その教科の目標、必ず身につけさせたい概念を、課題のなかに取り込んでつくることです。このようにしてつくられたパフォーマンス課題をもって授業を計画することで、「何を生徒に身につけさせたら学習したといえるのだろう。その単元を通して教えるべき概念は何だろう」と考えるようになりました。パフォーマンス課題を取り入れたことで、私の授業のあり方についての考え方は大きく変わりました。

もうひとつは、生徒たちにとって魅力的な状況設定をすることです。パフォーマンス課題をつくるにあたっては、現実社会に起こりうるような社会の動きや問題を中心に据えることを心がけました。教師にもその是非がわからない事象を扱うことで、生徒の価値観の自由を保障することができます。また、生徒自身の興味や価値観と結びつけて主張できるような部分を大切にしました。そしてシミュレーションを取り入れることで、自由な発想を促し、表現する力も育てることができました。

その時代やその背景にもとづいて「自分だったら○○したい。なぜならば……」と根拠を述べるような課題は、さまざまな事象を関連づけて思考する練習となります。そして自分が「なぜそう考えるのか」という根拠を、学習した内容から明らかにしていくような筋書きにします。こうすることで、生徒たちはその単元の内容をもう一度思い出して、知識や考え方を総合して使いこなすことになっていくのです。自分はどのような価値観を持った人間なのか、今後一人の人間として、国民として、市民として、どう生きるべきか、社会をどうしていくべきか、自分を見つめる機会にもなるのです。

(1) 西岡加名恵「『逆向き設計』論にもとづくカリキュラム編成」『教育目標・評価学会紀要』第一七号、二〇〇七年、一七―二四ページ。
(2) 同右。
(3) 西岡加名恵「ウィギンズとマクタイによる『逆向き設計』論の意義と課題」日本カリキュラム学会『カリ

キュラム研究』第一四号、二〇〇五年、一五—二九ページ。
（4）西岡、前掲（1）。
（5）西岡、前掲（1）。
（6）西岡加名恵・田中耕治編『「活用する力」を育てる授業と評価 中学校』学事出版、二〇〇九年。
（7）京都大学大学院教育学研究科E.FORUM『カリキュラム設計データベース（CDDB）への招待』二〇〇九年、一七ページ。なお、「逆向き設計」論の考案者であるウィギンズらは、理解させるべき内容は抽象的で概念的なものにかかわるため生徒に誤解されやすい、と指摘している（Wiggins, G. & McTighe, J., *Understanding by Design*, ASCD, 1998, p.24）。
（8）詳しくは、西岡加名恵編『「逆向き設計」で確かな学力を保障する』（明治図書、二〇〇八年、二二一—二三ページ）を参照されたい。
（9）ルーブリックづくりに関しての詳細は、西岡加名恵『教科と総合に活かすポートフォリオ評価法』図書文化、二〇〇三年、一四九—一五七ページを参照されたい。

第三章　パフォーマンス課題に向けた指導のポイント
――単元「経済」を中心に

パフォーマンス課題を実践する難しさ

さて、実際によいパフォーマンス課題がつくれたとしても、そのパフォーマンス課題に取り組めるだけの力を生徒たちにつけさせる授業ができなければ意味がありません。授業にも、単純に語句を丸暗記させるのとは違った工夫が必要となります。そこで次に、パフォーマンス課題に取り組ませる際の指導のポイントについて、いくつか紹介しましょう。

ここでは、公民的分野の単元「経済」を中心に説明します。これは、三年生の一〇月に行った実践です。この単元では、「永続的理解」として、次のような内容を考えました。

資料３－１　単元「経済」における「永続的理解」の例

・経済では、家計、企業、政府の三主体がそれぞれの役割や活動を円滑に行っている状態が理想であるが、どれかに支障が出たときに問題が起こる。

・経済がよい状態とは、だれかに偏って多くの利益があるというよりも、全体的にお金の流れが円滑であるということである。それには家計や企業、政府の収支のバランスがとりやすい、経済のしくみが維持される必要がある。
・また、家計で最低限度の生活を送ることが難しくなったり、企業が円滑な経済活動をできなくなったときに備えて社会保障制度を充実させ、安定した景気の循環を持続できるような政策を強化することが重要である。

また、これらの内容に対応する「本質的な問い」としては、「どんな経済問題があるのか。その原因は何か。どうすれば問題を解決できるのか」を考えました[1]。この問いを、授業の内容のそれぞれにあてはめて生徒に投げかけていきます。そして最終的に考えられるようになったかどうかを把握するパフォーマンス課題として、次のものを示しました。

資料３－２　パフォーマンス課題「経済政策を提言しよう！」

あなたは国会議員です。まもなく衆議院議員選挙が行われます。テレビＦＹでは選挙に向けて、経済政策に関する連続討論番組を行うことになりました。番組では、それぞれのテーマについて、考え方の違う経済政策を主張する議員が登場し、それぞれの政策を主張する討論会を行います。

テーマは次の三種類です。
1. 経済格差の縮小～ワーキングプアの問題～
A：さらなる自由競争を進める　B：社会保障を強化する
2. 環境政策　A：温暖化防止を最優先にする　B：国際競争に打ち勝つことを優先する
3. 食料政策　A：貿易の自由化をさらに強化　B：食料生産の保護をして食料自給率の向上
まず自分が〝国会議員〟として登場したい回を選び、
(1)「何が問題なのか、その問題を生じさせている原因は何か」を社会のしくみから解説します。
そして、
(2)(1)の解説とともに、「どうすれば、問題を解決できるのか」の政策提言を行います。
(3)同じ問題に対して別の提言を行っている議員と論争するとともに、番組に参加している一般の視聴者からの意見や質問に答えてください。
(4)最後に、討論会のあとにその内容を生かし、必要な修正を加えて政策提言レポートを完成させてください。

単元の初めに見通しを与える

パフォーマンス課題に取り組む際にはまず、パフォーマンス課題について、単元の最初に説明することが重要です。どのようなテーマ（社会の問題など）について考えてほしいのかについて、関連するテレビ番組の録画を見せたり、考えるためにはどんな立場や状況から検討する必要があるかを例示したりして、具体的なイメージを持たせます。実際に生徒たちがパフォーマンス課題に取り組むのは、おもに単元末になります。しかし、パフォーマンス課題そのものは、単元に入る最初の授業で生徒に示すのです。

さらに、その後も、ワークシートなど日々の配付物の冒頭に入れて、最終的にはパフォーマンス課題に取り組むことをつねに意識させます。取り組みの時間数なども明確にして、あと何時限したらパフォーマンス課題に取り組むのか、下書きや清書の時間はどのくらいかについても、あらかじめ伝えておきます。

私の場合、パフォーマンス課題としてはレポート作成を課していました。単元ごとの内容に関する取り組みのレポートが残ると、一人ひとりの生徒がどんなことを考えていたのか把握することができます。書いた本人もレポートを見直すことで復習になるので、知識の定着が確実なものになることが期待できます。

取り入れると利点が多いレポート作成ですが、実際、自分で文章を考えてまとめていく作業は生徒にとっては大変なことです。取り組みはじめたばかりの一年生のころは、真っ白なレポート用紙を前に、呆然としている姿も多く見られました。レポートを書くことは授業の最初からわかっていても、実際に何から手をつけたらよいのだろうかと、戸惑うことも多かったようです。しかし、何度か繰り返すうちに、取り組みのパターンも生徒たちに受け入れられていきます。

資料３－３　単元「経済」の学習で用いたワークシート（一部）

60期生社会科通信　ワークシート　NO13　【パフォーマンス課題「経済政策を提言しよう！」】
【今回の授業で考えよう】人々が経済的に豊かで幸せに生きるためには価格はどう決まるべきか？
関連ページｐ 96～　　「街のＴシャツ屋さん」ｐ 10～　　組　番　氏名

◇１均衡価格（市場価格）は（消費者〔需要側・買手〕）と（生産者〔供給側・売手〕）の気持ちで決まる
◇２均衡価格を保つためにどのような法律、組織がありますか？ p98
（独占禁止）法で（公正取引）委員会が監視している
◇３均衡価格以外の価格にはどんなものがあるか？なぜ、均衡価格だけではいけないのか？
公共料金
水道，電気　→ 収入の少ない人にとって高くなりすぎることがないように。

生きるのに必要な値.
1. 水道
2. ガス
3. 電気
4. カメラ

◇４ではなぜ、（旧ソ連のような）強い機関や政府の命令でものを生産するだけではいけないのか？
消費者の要求，要望〔欲しいものが手に入れられない〕が満たされないから（サイズとか）
必要な物→不足，そうじゃない物→余り

復習問題　○×で答えなさい。　ジュニア 47
1 ×
2 ○
3 ×

小麦粉の値上げ反対ー!!

考えよう（パフォーマンス課題の下書き）より多くの人が経済的に豊かになるための日本の価格決定のしくみはどうあるべきでしょうか（消費者、生産者、政府という言葉を使っていろいろな角度から考えましょう）

消費者と生産者の間でバランスをしっかりとる。
政府はここでの２者の調整につとめるべき。（物価高騰したら公共料金下げるとか）
（価格についての交渉とか ← 外国に対してなど）
他に，公共料金などについて消費者とバランスを!!

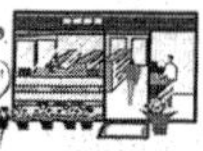

小課題で練習する（毎時間の授業内容をパフォーマンス課題と関連づける）

多くの生徒が抵抗なくパフォーマンス課題に取り組めるようにするためには、レポートに至るまでの授業を工夫することが必要です。学習を通して少しずつ増えてくる知識や考え方を、これまでに身につけた知識や概念と結びつけて、さらに思考を深められる機会になるように試みました②。

資料３－３は、授業で使ったワークシート（一部）です。ワークシートの一番上には、単元末に取り組むパフォーマンス課題を示しています。

さらにワークシートの最後には、その時間に学んだ学習内容でパフォーマンス課題と関連づいた、数分で取り組めるような小課題を設定しておきます。資料3－3では、「価格」について学習したのちに「より多くの人が経済的に豊かになるための日本の価格決定のしくみはどうあるべきでしょうか（消費者、生産者、政府という言葉を使っていろいろな角度から考えましょう）」と問いかける形のワークシートになっています。教師から学習内容を説明をする際にも、折に触れ、パフォーマンス課題とのかかわりを意識するようにと伝えます。

ほぼ全員が記入したところを見計らって近くの席の生徒たちと意見交換させます。各々が考えたことを友人に伝え合うことで比較したり、関連性を見いだすことができるようになることを期待しています。話し合いの間には机間指導をして、何も思いつかなかった生徒を把握して支援することもできます。

クラスでの討論会を組織する

パフォーマンス課題に無理なく取り組めるようにするためには、授業のなかで、生徒自身が考えたことを表現したり、他の人と考えを交流する機会を計画的に設ける必要があります。単元の区切りのよいところや最後のまとめには、クラス全体で討論会と称して話し合い活動を行いました。単元「経済」の場合、話し合い活動は、パフォーマンス課題のなかにある「国会議員の討論会」として行いました。

「討論会」ではクラス全員が一度は国会議員として参加できるように、三つのテーマ（「経済格差の縮小」「環境政策」「食料政策」のそれぞれA、Bの主張）に合わせて六～七人の班に分けました。国会議員役ではないときには、一般の視聴者として参加するように指示しました。

「討論会」の前には、それぞれが考案した提言を中心にして班内で話し合わせ、次の内容を準備させました。

①なぜこの主張が大切なのか、現在の経済の問題や、その問題を生じさせている原因や社会のしくみから説明する。
②その原因や問題を解決するために、必要な政策や企業、家計のあり方を提案する。
③他の議員から出てくる質問や意見を予想して、答えを考えておく。
④自分が議員ではないときのテーマでは、一般国民としてどんな立場からどんな質問や意見をするか考えておく。

中学校の学習のまとめに入った時期なので、一、二年生での学習も十分生かして取り組んでほしいと考えていました。「討論会」の準備としては、国会議員として政治の方向性を決めるとしたら、どうしていくのがよいのか考えさせます。単に理想や希望を述べるのではありません。これまで学習した知識や概念を総動員して、社会で起きている問題を考えるのです。

板書で思考を整理する

話し合いを始めると、教師が予想もしていなかったような意見や理解が難しい表現も出てきます。その内容を汲み取って適切に他の生徒に伝えるためには、板書をして整理すると効果的です。

あるクラスにおけるテーマ１「経済格差の縮小」の「Ａ派：さらなる自由競争を進める」と「Ｂ派：社会保障を強化する」の班の話し合いを取り上げてみましょう。

最初にＡ派は「自由競争によってさらに稼ぐことが必要だ。福祉にお金をまわすより、企業を支援して活性化するほうが大切だ」という主張をしました。対してＢ派は「リストラにあって働きたくても働けない人、もしくは収入が見合わないワーキングプアを支援することのほうが先だ」としました。

資料３－４　Ａ派・Ｂ派の意見を整理した板書

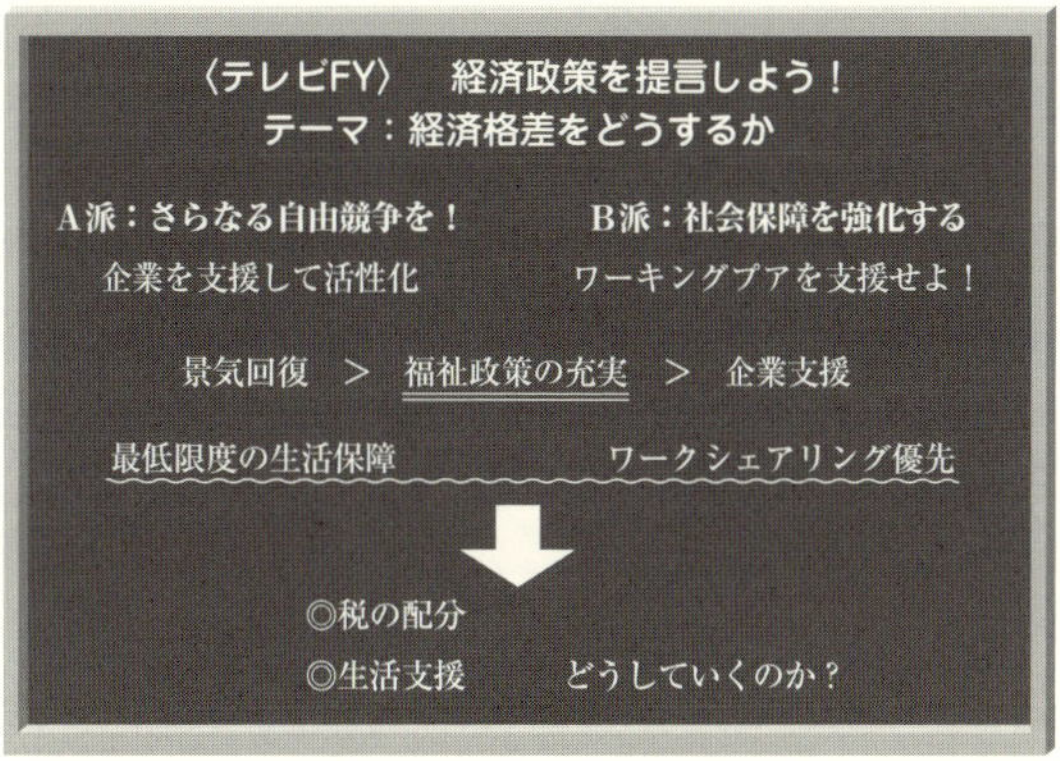
〈テレビFY〉　経済政策を提言しよう！
テーマ：経済格差をどうするか
Ａ派：さらなる自由競争を！
企業を支援して活性化
Ｂ派：社会保障を強化する
ワーキングプアを支援せよ！
景気回復　＞　福祉政策の充実　＞　企業支援
最低限度の生活保障
ワークシェアリング優先
◎税の配分
◎生活支援
どうしていくのか？


続いて討論に入ります。Ｂ派からＡ派へ「企業支援といってもどのような企業を支援するのか。活性化といっても（資本主義経済下の理念として）自由競争が原則なのだから、その見極めは難しいのではないか」と投げかけました。Ａ派は「しかし、自由競争が活性化しなければ、福祉にまわす予算だって生み出すことはできない。だからまず福祉の前に景気をよくしなければならない」と応えます。

視聴者のうち、高齢者の代表として参加したという生徒からは、「年金生活の高齢者なので、福祉を充実させてくれないと今後の生活が心配だ」とか、他の生徒は「自分は金持ちなので、高所得者として（累進課税制度により）たくさんの税金を払わされているけれど、議員はどう考えているのか」と現実社会でもありそうな質問や意見が出されました。

最終的にB派は「自由競争のなかでも、ワークシェアリングのしくみを構築することを第一に考えるべきだ」と具体案を出しました。A派は「最低限度の生活を保障されたなかで働くことができるように、経済を活性化する必要がある」という意見を述べました。

A派、B派は一見対立する立場ではありますが、板書をしてみると、両者ともに国民の最低限度の生活保障をまず考えるべきだという点は共通して主張していることが明らかになってきました（資料3－4）。最終的に、より多くの人が困らないようにするためには、税金の配分方法や生活の支援をどうすべきか、ということが疑問点として挙げられました。話し合って出された疑問は、発言までには至らなかった他の生徒たちも自分なりに考えるきっかけとなります。

「討論会」の最後に教師は、板書を使って、話し合いの経過を振り返ります。内容を大まかに整理しておくことでポイントが記憶に残りやすくなり、このあと、各自が自分の考えと照らし合わせながら、レポートのなかで論じていくヒントになります。

また話し合いが日をまたいで数時限に及ぶ場合は、模造紙などに記録しておき、前回の流れを提示すると話し合いがスムーズに続けられます。

下書きをさせる

「討論会」のあとは、パフォーマンス課題に取りかかります。パフォーマンス課題への取り組みに入ると、まず下書き用紙として清書用紙と同じ大きさの紙を渡します。同時に作品を作成する助けになりそうなグラフや地図などをまとめて印刷したものを、プリントにして配付しました。これは、必要部分を切り取って清書用紙に貼り付けることで、資料として使ってよいことを伝えます。

下書きの時間は三時間ほど、清書も下書きと同じ程度の時間をかけます。ただし、清書用紙を自宅に持ち帰ることは認めませんでした（後述）。毎回授業の始めに配付して、終わりには回収しました。生徒は、自分のテーマに応じて必要なことを調べて書き込んできた下書き用紙を見ながら、もう一度教科書や資料集を見直してレポートに書きたいことを練り直していきます。この作業は、授業で学習した知識を自分の頭のなかでもう一度考え直したり、改める機会となりました。

取り組みの回数を重ねていくうちに、清書を書きはじめるころになって初めて聞いたような顔で慌て出す生徒は減ってきました。同時に、その前までの授業のすべてがパフォーマンス課題の内容に直結していて、考えるためのヒントがたくさん含まれていることに気づいた生徒が増えたようです。

ルーブリックを示す

パフォーマンス課題に取り組む前には、その評価規準であるルーブリックを生徒に配付しまし

資料3－5　パフォーマンス課題「経済政策を提言しよう！」のルーブリック

レベル	パフォーマンスの特徴
5 すばらしい	・今、社会で起きている出来事から、「何が問題なのか、その問題を生じさせている原因は何か」を経済のしくみと関連づけて適切に説明している。また、その事実を大変正確に理解し、説明できている。 ・「どうすれば、問題を解決できるのか」の政策提言が理にかなっていて、しかも提案者本人のオリジナルな視点があり、一般論を超えている。 ・その提案に関する反論についても予測して、根拠を持ち正確に反論しているため大変説得力がある。 ・最適な資料を選択して用いており、読みやすい構成なのでとてもわかりやすい。
4 良い	・今、社会で起きている出来事から、「何が問題なのか、その問題を生じさせている原因は何か」を、経済のしくみと関連づけて適切に説明している。 ・「どうすれば、問題を解決できるのか」の政策提言が理にかなっている。 ・その提案に関する反論についても推測して、根拠をもとに反論している。 ・適切な資料を選択し効果的に活用しており、読みやすい構成でまとめている。
3 合格	・今、社会で起きている出来事から、「何が問題なのか、その問題を生じさせている原因は何か」を経済のしくみと関連づけて説明している。 ・「どうすれば、問題を解決できるのか」の政策提言がされている。 ・その提案に関する反論について推測して、反論している。 ・資料を活用して読みやすい構成でまとめている。
2 もう一歩	・今、社会で起きている出来事から、「何が問題なのか、その問題を生じさせている原因は何か」を説明しているが、経済のしくみとの関連づけがあやふやであるため事実の紹介になっている。 ・「どうすれば、問題を解決できるのか」の政策提言がされているが理解が不正確である。 ・その提案に関する反論について推測しているが、反論がないか、根拠に説得力がもう一息である。 ・資料を使っているが、内容と関連づけて活用することができていない。
1 かなりの 改善が必要	・作品が未完成であり説明が不完全である。

た（資料3－5）。定期テストなどではテストが終わってから正答を示しますが、パフォーマンス課題では、教師が何を評価しようとしているのかについて、先に共有するわけです。ルーブリックで同じレベルの評価がついたとしても、理解しているところや思考の広がりには一人ひとり違いがあるものです。教師の支援の仕方は、一人ひとりに合わせて工夫することができます。

さらに取り組んでいる生徒自身、理解できていることと、わからないことは何かに気づく機会ともなることでしょう。繰り返してパフォーマンス課題に取り組み、振り返りをすることで自己評価力の伸張も期待できます。

また、仕上げたあとに返却したレポートとルーブリックを使って、次回はさらにどうしたら向上できるのか助言することができます。小グループで作品を使って発表会を行い、相互評価の活動をすることも有意義です(3)。

いくつかの注意点

最後に、パフォーマンス課題のなかでも特にレポートを作成させる場合に気をつけるべき点を挙げてみます。

まず、インターネット上の他人の文章をそのままコピーして貼り付けたり、友人の作品の一部を用いたりすることがないように留意しました。授業以外の時間に自分で考えることは望ましいことですが、実力を正確に評価しようとするためには、手書きを原則にして清書用紙は持ち帰らせないなど細かなルールを設ける必要が出てきます。また資料を引用したときなどは、出典を明らかにさせるなど著作権に配慮した指導も大切です。

特に最初のころは、パフォーマンス課題に苦手意識を持つ生徒も多くいました。その理由を聞いてみると「めんどうくさい」「先生が話してノートをとって理解するほうが楽」ということでした。これを聞いて、なるべく生徒の負担感を減らす必要があると感じました。これにはまず、本気で考えたくなるような「本質的な問い」を投げかけて問題意識を高めさせることを心がけました。

めんどうくさくてもやり遂げれば力がつくことが実感できるようにする工夫も大切です。そこで、クラスの話し合いを設けました。意見交換をするうちに、「こういうふうに言えばよいのか」とか「こんな考え方はいいな」と表現方法や思考方法のヒントが得られる機会となります。レポートのよいところは、一人ひとりの生徒の考え方や興味、関心を教師が把握できるところです。机の間をまわりながら「なぜそう考えるのかもう少し詳しく書いてごらん」とか「この発想はとてもよいね。ていねいに仕上げてみよう」などと一人ひとりの進度を見て声をかけたり、生徒からの質問にも答えたりします。きめ細かく声をかけて、励ましていくことで、課題に取り組む意欲も持たせることができるのではないかと思います。

また、教師にとって時期によっては、一度に何十人分ものレポートを読んで評価することを負担に感じることもあります。そこでパフォーマンス課題の評価は、定期テストや学期末の事務処理などと重複しない時期にするなど計画的な取り組みが大切です。

さらに、定期テストのように記号などで一律的に採点できるものではありませんから、評価にずれが生じないように教師が熟達する必要があります。同じ学年を複数の教師で担当している場合は、ルーブリックづくりを全員で行うなどの方法で、評価規準を共通理解しておくことが大切です。(4)

内容のレベルが同じ程度でも、きれいな文字で書いてあるとよい印象を受けることがあります。おしなべて、男子生徒よりも女子生徒のほうがきれいで読みやすいレポートに仕上げる傾向にあります。女子生徒だけに有利になるような課題や評価にならないようにする注意も必要でしょう。

(1) この「本質的な問い」に関しては、西岡加名恵・田中耕治編『「活用する力」を育てる授業と評価　中学校』（学事出版、二〇〇九年）を参照されたい。
(2) 田中耕治・井ノ口淳三編『学力を育てる教育学』（八千代出版、二〇〇八年、一三一ページ）を参照されたい。
(3) このような作品批評会は、検討会のひとつの進め方だと考えられる。検討会とは、「それまでの学習と振り返って到達点を確認するとともに、その後の目標設定をする場である。そこでは、教師の評価基準と子どもの評価基準のすり合わせが行われる」（西岡加名恵『教科と総合に活かすポートフォリオ評価法』図書文化、二〇〇三年、六八ページ）。
(4) ルーブリックづくりは、評価の比較可能性を高めるモデレーションのひとつの方法である（西岡加名恵「比較可能性とモデレーション」田中耕治編『よくわかる教育評価』ミネルヴァ書房、二〇〇五年、七二―七三ページ）。

第四章　取り組みを振り返って

生徒の作品の変化

パフォーマンス課題によって評価されるような思考力・判断力・表現力、あるいは関心・意欲・態度は、一朝一夕に身につくものではありません。繰り返し類似のパフォーマンス課題に取り組ませることによって、長期的に育てていくことが必要になります。

本書で紹介してきた実践は、二〇〇四年度から二〇〇八年度の五年間にわたって取り組んだものです。特に、二〇〇六年度入学の生徒たちは、三年間で一一のパフォーマンス課題に取り組みました。生徒たちが残したレポートを見ると、その成長ぶりがわかります。

彼らが入学して初めて取り組んだ課題が次の資料4-1です。歴史的分野の「古代」を学んだあとに取り組んだものです。また、四七ページの資料4-3には、ある生徒の作品を示しています。この生徒の場合、エジプト文明の特色を正確にとらえて紹介しています。しかし、事象を羅列的に並べている印象が強く、全体をまとめて「だから、どうなのか」と主張する表現が不足しています。

資料4－1　パフォーマンス課題「聖徳太子に提案しよう！」

遣隋使として隋にやってきたあなたは、進んだ文化を学び、それをもとに今後の日本をどうしたらよい国にできるのか、聖徳太子に提案することになっています。隋の文化については他の遣隋使がまとめているので、他にも情報がないか隋の古文書館にでかけたところ、隋（中国）以外にも古代文明があったことを記す歴史書を発見しました。そこには驚くべき事実が書き並べてあることを発見したあなたは、その文明について、調査した結果をできるだけ魅力的に伝えられるようにアピールするレポート作成することにしました。レポートの内容については、発表会もする予定です。

一方、資料4－2は、彼らが三年生の最後に取り組んだ単元「地球社会とわたしたち」のパフォーマンス課題です。これまで学習したことをすべて振り返ることを目的のひとつに考えて課題をつくりました。二年生の後半あたりからA4判の一枚のレポート紙では収まらないと言う生徒が増えてきました。そこで、レポート用紙をB4判一枚にしました。

資料4－2　パフォーマンス課題「卒業レポートを書こう！」

卒業を控えて、最後のパフォーマンス課題に取り組んでもらう時期となりました。最後のパフォーマンス課題は、「幸福と平和とは何か。どうすれば平和で幸福な社会を築けるのか」という社会科全体の問いにかかわって、あなた自身が今、一番考えたい「問い」に絞り込んで探究してほしいと思っています。

　今までの作品を振り返って、「やり残したなあ。もっとここを調べたかった」、「新しく、こんな疑問が浮かんできた」、「この作品にこだわって、練り直したい」と思うような課題を見つけてください。

　次に、今まで社会科で用いてきた資料や新しく自分で調べた資料をつけ加えて、Ｂ４判一枚のレポートをまとめてください。三年間で身につけた社会科の思考力や資料活用力を存分に活用して、後輩たちにも中学校三年間で社会科を学ぶ意義についてメッセージが伝わるような作品を作ってください。最後に全員がプレゼンをします。また、後輩たちにも作品を見てもらう予定です。


　そして、四八ページの資料４－４が、資料４－３を書いたのと同じ生徒の作品です。一年生のときの作品と比較してみると、さまざまな点で成長が見られます。まず、発展途上国に関して歴史的な背景や地理的条件のひとつである資源について取り上げて、問題を確かにとらえています。そしてＯＤＡによる援助の現在の状況を述べています。さらに支援を充実させるために企業の協力の必要性を説いています。企業を経済活動の主体のひとつととらえ、税制といった財政などと関係づけて根拠としているので説得力があります。今まで学習した知識の意味を正しく理解し、関連を持たせて結論を出しています。

資料４－３　ある生徒の１年生時の作品

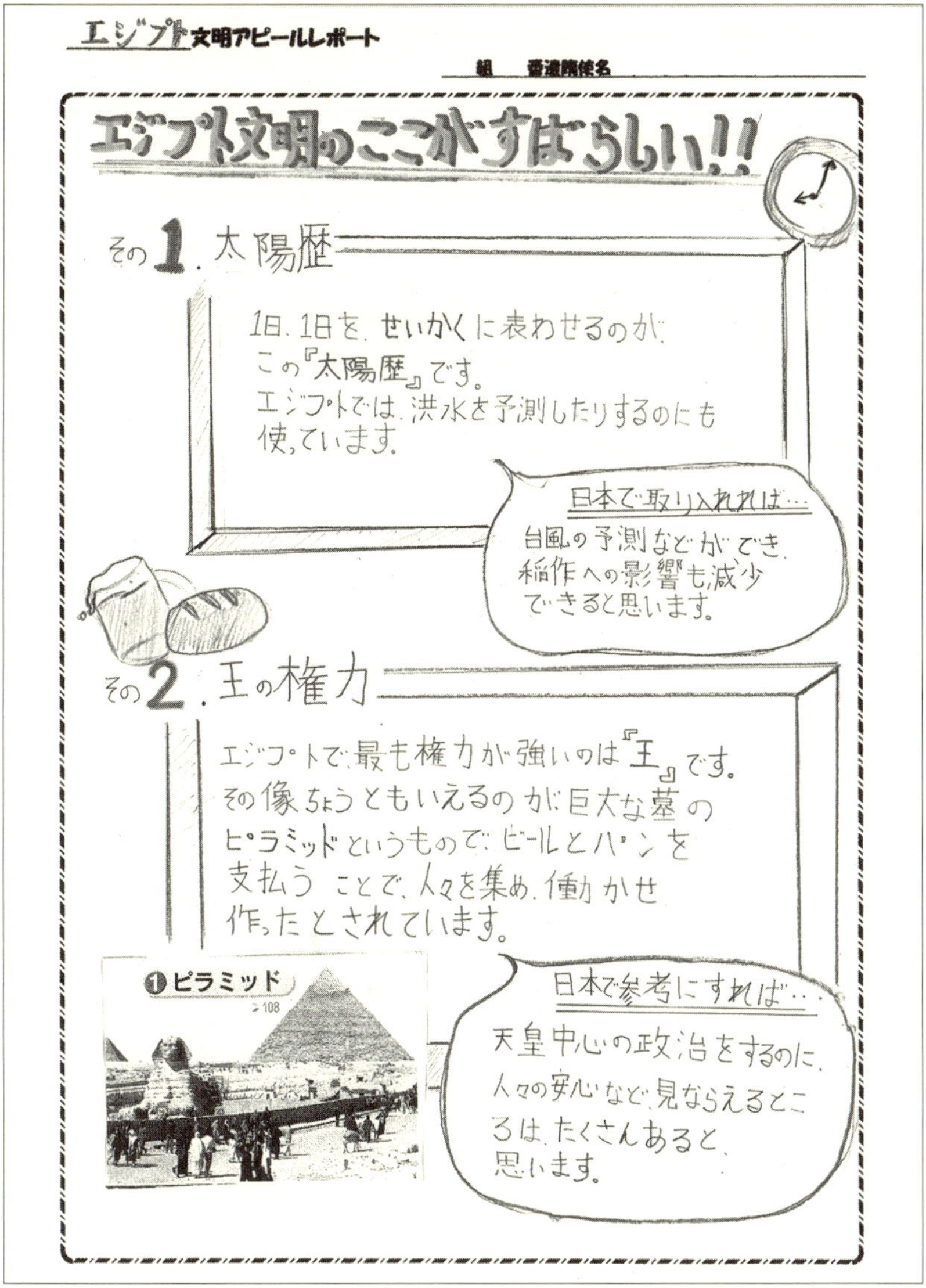
エジプト文明アピールレポート
組
エジプト文明のここがすばらしい!!
その1.太陽歴
1日.1日を.せいかくに表わせるのが.
この『太陽歴』です。
エジプトでは.洪水を予測したりするのにも
使っています.
日本で取り入れれば…
台風の予測などができ.
稲作への影響も減少
できると思います。
その2.王の権力
エジプトで.最も権力が強いのは『王』です。
その象ちょうともいえるのが.巨大な墓の
ピラミッドというもので.ビールとパンを
支払うことで.人々を集め.働かせ
作ったとされています。
①ピラミッド
日本で参考にすれば…
天皇中心の政治をするのに.
人々の安心など.見ならえるところは.たくさんあると.
思います。

資料4－4　ある生徒の3年生時の作品（資料4－3と同じ生徒のもの）

60期生社会科通信　パフォーマンス課題　清書用紙（授業のおわりに必ず提出してください）

「卒業研究レポートを書こう！」　　　組　　　番氏名

テーマ：　途上国の為に今、日本ができることは何か？

今、世界193ヶ国中、約160ヶ国もの国が発展途上国と呼ばれ、苦しんでいます。途上国の中にも格差はありますが、その全ての国で綺麗な水が飲めない、病気の時に診察してもらえる病院や医者がいないなどで、苦しんでいるのは確かです。ではなぜ"途上国"と言われるまでに格差が開いてしまったのでしょう。主な原因は2つあります。

①植民地化

1900年代中ば、世界ではイギリス、フランス、オランダなどの植民地支配がありました。そして植民地では貿易、農業等の経済活動が制限されていました。

第2次世界大戦後、植民地支配から解放された後も、資本や技術など、大切なものは本国に持ち帰られてしまったので独立を果たしても国作りができなくなってしまったのです。

②資源の量

南南問題と呼ばれるような特に重度な途上国では、その国でとれる資源がとぼしいため、十分な富を得ることができません。

同じ途上国でもOPEC等の石油がとれたりと資源が豊富な国はそれを売ることによってお金を得て、それを国のために使えますが、資源のない国ではそれもできません。

よって、格差はどんどん広がってしまうのです。

①の原因は、私達日本人にも関係のあることです。なぜなら日本も世界大戦中にアジアの国々を植民地にしていたからです。
では、私達日本人は途上国に対し、救いの手を何もさしのべていないのでしょうか。

答えは"No"です。日本はODA（政府開発援助を歳出に取り入れ、次の図の様に使用しています。

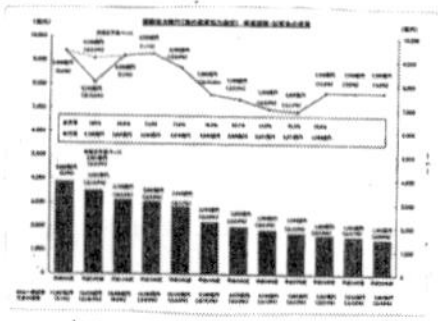

しかし途上国が独立してから何年もの間も途上国と呼ばれる理由は、お金がないこともちろんですが、そのお金を上手く使える人がいない、ということも理由の1つに挙げられます。それを考えると、技術協力こそが今の世界に必要なものと言えるでしょう。

この技術協力には青年海外協力隊なども含まれ、協力隊が本国へ帰ってしまった後も交流で得た知識を国の発展へと使うことができます。

つまり、お金・資源と違い、1度きりで終わらないことが、この技術協力の良い所なのです。

しかし、この技術協力にかけるお金（≒ODA）は年々減少し、今年は10年前と比べ、半分にも満たなくなってしまいました。

確かに、ODAは税金でまかなわれているので、少子高齢化が進んだ我が国では社会保障に資金がまわされることは当たり前ですし、文句は言えません。つまり、国民・政府は何もできないに等しいのです。

そこで私が提案したいのは、企業による発展途上国への技術協力です。青年海外協力隊では265種類もの専門に分かれて援助を行っていて、第1次産業と呼べるものから第3次産業まで、実に様々です。日本の企業も様々なことに取り組んでいるはずなので、適当な援助はできるはずです。つまり、企業でも、途上国の為にできることは沢山あるのです。

しかし、この不景気の中"そんなことできない"という企業がほとんどだと思います。ところが、今の不景気は日本だけのことではありません。技術協力により新たな出費も出て、お金まわりも良くなるのではないでしょうか。例えば、多国籍企業がそれぞれ技術協力をするにあたって近かったり、物資があったりする国の支店から人手を送るだけで、その国からは多少なりともお金が出ていきます。よって、これを活発化させれば、世界的にお金まわりが良くなり、不景気を脱出できるのではないでしょうか。そして、その活動を宣伝に使えば日本国民からの企業への感心も集められますから、損ばかりではありません。

ところが、企業がいきなりこの様な活動を始めることはないでしょう。なので、この活動を実現するために、私は政府の協力を要求します。政府が企業を奨励するのです。その為の方法として"減税"がその1つで挙げられます。現在企業は地方自治団体と政府の両方に税を徴収されていて、売り上げ（利潤）の半額ものお金が税金となってしまうことがあります。大企業の利潤の単位は"億"ですから、その半分をとられてしまうより、数億円の出費でなることを選ぶのではないでしょうか。

しかし、この案には大きな穴があります。企業を減税した分、歳入が少なくなってしまうのです。ですがこの不景気の中、増税することはできません。そこで歳出を削る必要があります。国会議員のタクシー代など必要のないものをこの機になくしていくのです。

今、世界的な問題を解決するのは政府の力だけでは叶わないのは、現状を見ていても明らかでしょう。

かといって、私達国民が個人で動くのには限りがあり、不可能でしょう。今、この不景気の世の中だからこそ企業も公の為に力をかしていくべきなのでしょう。

指導の変化

生徒たちの成長に合わせて、教師の指導も変わります。何カ月か前までは小学生だった中学一年生に初めてパフォーマンス課題に取り組むことを求めた際に配慮したことは、まず「自分の考えを表現させる」ということでした。取り組む前には、資料4－5のモデル・レポートを教師がつくって配付しました。その内容を読みながら、単なる文明の紹介をするのではなくて自分の考えを書くことと、なぜそう考えるのかの理由を挙げることが大切であると伝えました。

レポートのモデルを示すのは、生徒がレポートのイメージを持ち、思考方法を理解することで取り組みやすくするのが目的です。ですから、生徒がそのまま書き写すことができないような条件で作成することが大切です。ここでは、パフォーマンス課題のなかにも示してあるように、生徒たちは、中国文明以外の文明の紹介にも取り組まなければなりません。

モデル・レポートづくりを通して教員である私自身も、単元を通して何を教えるべきなのか、そのためにはどんな授業をしたらよいのか、つねに全体の流れから授業を考える習慣を身につけることができたように思います。

資料4－5　パフォーマンス課題「聖徳太子に提案しよう！」のモデル・レポート

中国文明を取り入れ、文字を使って法をととのえましょう

中国文明は、黄河が流れるよく肥えた大地のほとりで農業がさかんになったことから発展しました。

資料[*]1の地図のように、黄河は世界のなかで6番目に長い川で、アジア大陸の内陸から流れてきています。その周辺で漢民族の人たちが農業を始めました。

定住してやがて農業が発達すると食料に余りができます。それを管理して人々を従わせ、他の地域から自分のくにを守る軍事の指揮をする王が現れました。

中国文明では早くから甲骨文字が発明され、資料[**]2の図のようにだんだん工夫されて漢字に近づいてきました。このために、多くの人に一度に正確に情報を伝えることができるようになりました。中国の王はこれを利用して、方針や命令を法というきまりごとにしてくに中に知らせたため、大きな組織をつくることができました。

これからくにづくりを行う日本が中国文明から学ぶべきことは、法のつくり方だと思います。法をつくってみんなに示すことで組織が強くなり、安定するので政治がやりやすくなるからです。それにはさらに文字をたくさん利用して、文字がわかる人を増やしていくことも重要です。

また、引き続き中国に使いを送り、新しい情報を教えてもらえるように仲良くつきあうことも重要です。

〔＊〕資料1＝中国の地図、〔＊＊〕資料2＝甲骨文字→漢字の変遷を図で示している。

それでも多くの生徒は、よいレポートを書くには、きれいな字で事典やパソコンからできるかぎり詳しい事実を調べ、それをカラフルに表現すればよい、と思っていたようです。そこで授業では話し合い活動や発表会で、取り上げた事がらから自分の意見と、その考えの根拠をわかりやすく人に伝える方法を毎回一度は取り入れるようにしていきました。

最初のころは「〇〇すべきだ」とか「△△のほうがよい」というように意志は示せても、「では、なぜそうなのか」と問われると「何となく……」と言葉をつまらせてしまうことがしばしばありました。根拠を示すには、その単元の内容を自分の言葉で説明できるくらい理解を深めていなければなりません。日ごろの学習では、語句を機械的に暗記するのではなく、文脈ごと理解することの大切さに気づいた生徒も多くなってきました。

そのような指導の積み重ねを通して、教科書に出ていなくても、興味を持ったニュースなどの内容を取り入れることができるようになった生徒が増えていきました。

長期的に思考力・判断力・表現力を育てる――「マクロの設計」

実は、このように長期的な取り組みが可能になるのは、「逆向き設計」論に、単元を超えてカリキュラム設計を考える「マクロの設計」の発想があるためです。「逆向き設計」の際に考案する「本質的な問い」は、五二―五三ページの資料４-６に示したような入れ子構造になります。「本質的な問い」に対応した「永続的理解」も、同様の構造になります。

私の実践の場合、中学校三年間を通して考えさせたい包括的な「本質的な問い」として、「幸福と平和とは何か。どうすれば、平和で幸福な社会を築けるのか」を設定していました。そのなかに三分野それぞれで考えさせたい問いがあり、さらに単元における問いが位置づいています。このような問いを持って日々の授業を行うことで「個々の知識やスキルが関連づけられ総合され

資料4－6　包括的な「本質的な問い」と単元ごとの「本質的な問い」―入れ子構造（例）―

「幸福と平和とは何か。どうすれば、平和で幸福な社会を築けるのか」

歴史的分野

◇1. なぜ中学校で歴史を学習するのか。
◇2. 時代が変わるとはどういうことか。
◇3. 社会を変えるのは何か。どのように変えていくことが民主的で平和的な国家・社会をつくりあげることになるのか。

Ⅰ. 古代
◎文明はなぜ生まれたのか。

Ⅱ. 平安時代～江戸時代
◎政治の権力はどのように移り変わるのか。それによって社会はどのように変化するのか。
○武士とは何か。なぜ出現したのか。
○武士による政治を実現するために一番貢献したのはだれか。
幕府ができたことで社会はどう変化したのか。
○江戸幕府はなぜ他の幕府より長続きしたのか。そのような幕府によって社会はどのように変化したのか。

Ⅲ. 明治維新～日清戦争
◎明治維新とは何か。この政治改革の本質的な特徴は何か。
○明治維新という政治改革をもたらしたのは何か。
○この政治改革の結果としてどう社会が変わったか。明治維新の結果、人々は幸福で平和に暮らせるようになったのか。
○江戸時代末期の日本の文化は当時の西洋の文化より劣っていたのか。

Ⅳ. 日露戦争～第二次世界大戦後
◎戦争はなぜ起こるのか。戦争を起こさない平和的な国を保つにはどうしたらよいのか。

公民的分野

◇1. なぜ中学校で公民を学習するのか。
◇2. 人々の幸せとは何か。私たちは今、幸せな生活を送っているのか。もっと人々が幸せに暮らせるようになるためには、日本の社会はどのようになる必要があるのか。
◇3. 人々が幸せに生きられる社会のしくみはどのようなものか。

Ⅰ. 私たちの暮らしと現代社会
◎戦後の日本社会はどのような幸せを追求してきたのか。

Ⅱ. 私たちの暮らしと民主政治
◎民主主義とは何か。民主的な国家とはどのようなものか。
○人々が幸せに生きられるためには憲法はどのようにあるべきか。
○基本的人権とは何か。基本的人権はどのように変化・発展しているのか。今後、どのような基本的人権が保障されるべきか。
○民主主義を維持するためにはどのような政治のしくみをつくるべきか。独裁政治を防ぐには何が大切なのか。

Ⅲ. 私たちの暮らしと経済
◎経済とは何か。人々が幸せに生きられる経済のしくみはどのようなものか。どうしたらよりよい経済のしくみを築くことができるのか。
○人々がより安定した家計を営み、幸せに生活をするためには、どのような価格設定が必要なのか。
○人々がより安定した家計を営み、幸せに生活するためには、どのような企業や金融の活動が必要なのか。
○人々が幸せに生活するために、政府は経済活動の面でどのような役割をするべきなのか。

Ⅳ. 地球社会と私たち
◎人々が幸せに生きられる国際社会はどのようなものか。
○今、世界の人々は皆幸せに生きているのか。世界の平和のために日本ができる役割はどのようなものか。
○人々が幸せに生活するためには環境はどうあるべきか。また資源はどのように使うべきなのか。

◇ 分野全体を包括する問い
◎ 単元ごとの大きな問い
○ 内容や項目にかかわる問い

地理的分野

◇1. 地理的条件とは何か。
◇2. 人々は、どのような地理的条件のもとで、どのような暮らしをしているのか。それはなぜか。
◇3. 私たちはどのように地理的条件を変えることができるのか。どうしていけばいいのか。

Ⅰ. 私たちの世界そして日本

◎世界はどのような地域で構成されているのか。その特色は、どのようにとらえられるのか。
○その大陸や州には、どんな地理的な特色が見られるのか。
○日本はどのような地域で構成されているのか。その特色はどのようにとらえられるのか。

Ⅱ. 身近な地域を調べよう

◎身近な地域の特色は、どのようにとらえられるのか。
○今、身近な地域はどのような状況にあるのか。
○地域が発展するにはどうしたらいいのか。
○身近な地域の特色（人口・産業、地図・統計資料）は、どのように変化してきたのか。それはなぜか。どのように地域を変えていくことができるのか。

Ⅲ. 都道府県を調べよう

◎他の県の人々は、どのような地理的条件のもとでどのように暮らしているのか。
○彼らは、どのように地理的条件を変えているのか。

Ⅳ. 世界の国々を調べよう

◎他の国の人々は、どのような地理的条件のもとでどのように暮らしているのか。
○彼らは、どのように地理的条件を変えているのか。

Ⅴ. 様々な面からとらえた日本

◎世界から見て、日本の人々はどのような地理的条件のもとでどのように暮らしているのか。
○私たちは、どのように日本の地理的条件を変えることができるのか。

て『永続的理解』へと至ることができる」[1]のです。

生徒たちの反応（アンケート調査など）

ここで生徒たちがパフォーマンス課題をどう受け止めたのか、三年生の一二月に生徒全員を対象に取ったアンケート結果を紹介しておきましょう（資料4-7・五四ページ）。

質問1で「とても力がつく」「力がつく」と答えた生徒にどんな力がついたと感じているかさらに質問してみました。まず、「関連づけたり、考える力」を挙げた生徒が多く見られました。

○今起こっていることなど、大人になってから必要とされる視点から多角的に考える力。

資料4－7　パフォーマンス課題について、生徒へのアンケート結果

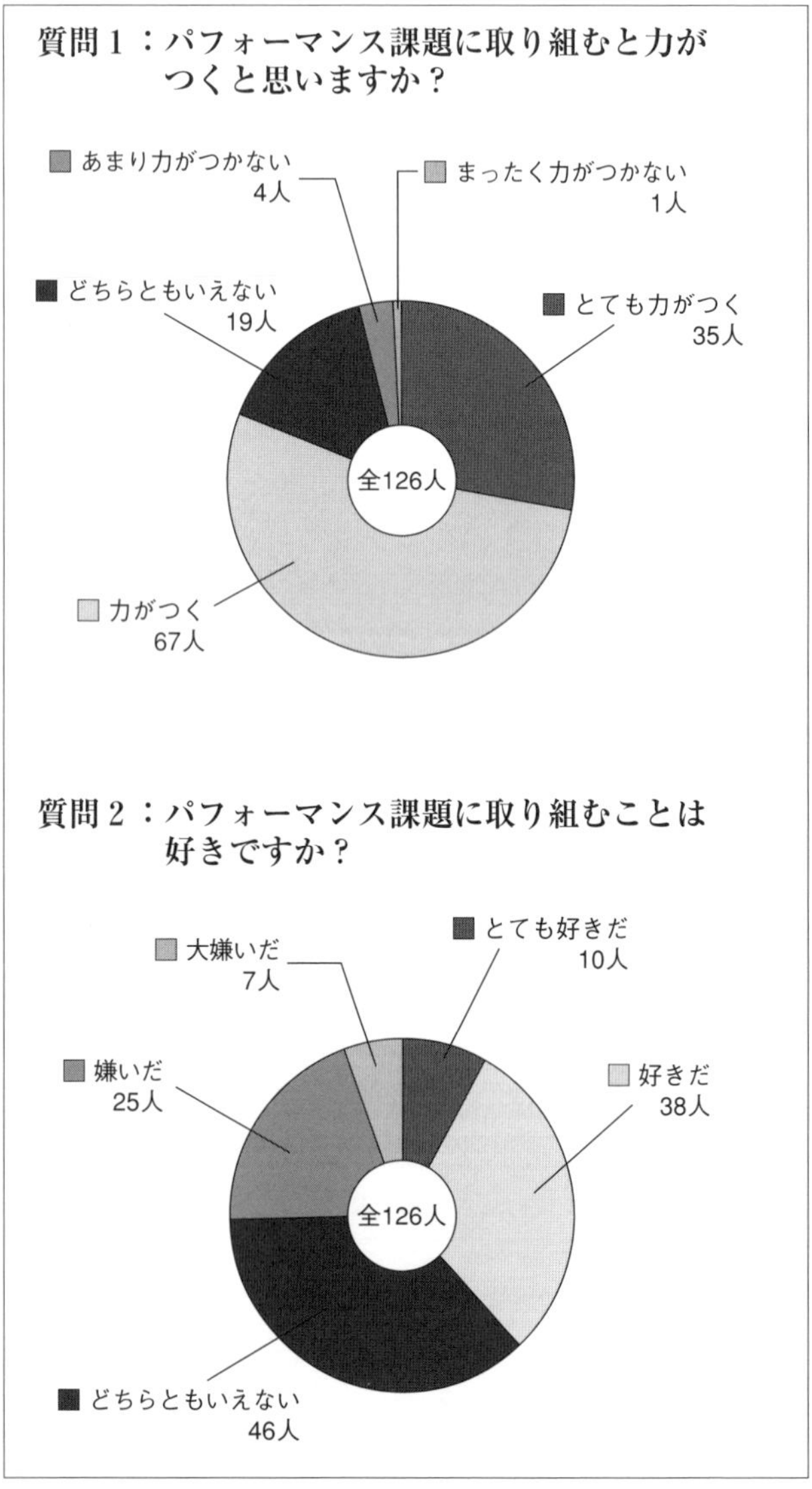
質問1：パフォーマンス課題に取り組むと力がつくと思いますか？
あまり力がつかない 4人
まったく力がつかない 1人
どちらともいえない 19人
とても力がつく 35人
全126人
力がつく 67人
質問2：パフォーマンス課題に取り組むことは好きですか？
大嫌いだ 7人
とても好きだ 10人
嫌いだ 25人
好きだ 38人
全126人
どちらともいえない 46人

○ただ事実を知るだけでなく、そこからさらに考えを深める力。

○社会（歴史・地理・経済など）のつながりを多角的に見ることができるようになった。

○物事を多方面から見て考察する力。いろいろな出来事をつなぎ合わせてより奥深く考えられ

るようになった。
また、表現力が向上したことを自覚した生徒たちもいます。
○自分の考えを、ひとりよがりにならないで、客観的に判断する力。また、それを説得力があるように伝える（まとめる）力。
○人に何かを伝えるにあたっての根拠の挙げ方、説得力を向上させる力。
○相手に自分の考えを伝える力。
次のように、知識の定着にも効果的だったと述べている生徒もいました。
○たくさん調べなきゃいけないから、習ったことがよくわかるし頭に残る。
○復習ができるので、その単元が頭に入るし、自分で考えることができるので、深めながら学習できる。
○まず、説得力をつけてレポートを書くには、学習した内容をしっかり理解しないとできないので、正確な知識が身についた。
さらに、レポートをもとに他の生徒との交流の活動を持ったことで、学び合って成長する機会ともなったようです。
○他の人のレポートも見るから、そこから学ぶことができる。
○意見を交換したりして、自分のものをよくしようとできる。
このアンケートの答えにみられるような自己評価ができるようになれば、さらに自分の意志を持って成長しようとしていくのではないでしょうか。ただし、肯定的な意見を書いた生徒たちも、最初からこのように思っていたわけではありません。パフォーマンス課題に取り組むなかで、徐々に抵抗感がなくなっていったのです。

一方で、「嫌いだ」「大嫌いだ」と答えた生徒たちもいます。その理由としては、次のようなコメントが寄せられています。

●まとめたり、書くのが大変だから。
●自分の考えをまとめたりすることがめんどくさい。
●多くの時間を費やし、また、ほとんど自分で資料を探すので、少しめんどう。
●難しくて最後までたどりつかない。考えることが多くなって混乱するから。

このような生徒たちをも引きつけられるようなパフォーマンス課題づくりは、今後の課題です。

保護者への説明と通知表

なお、パフォーマンス課題によって生まれた成果物は、保護者が学習状況を理解するのに有意義な資料ともなります。実際に、生徒のレポートを用いて教科担任として面談をしてみたところ、保護者からは、「自分の子のレポートを取り組んだ順番に読むことで、今、社会科の授業でどんなことを学習しているのか具体的にイメージできます」「回数を重ねるごとに内容が充実していて、成長を感じることができますね」といった声が寄せられました。ルーブリックも添えておけば、教師が何を評価をしているのかも理解していただけます。ただし、多くの保護者は、評点よりもその生徒個人の作品の成長ぶりに関心を寄せていました。これは、単なる数字で提示される定期テストの結果や通知表ではなかなか見られないことです。パフォーマンス課題に取り組んだ成果を示しつつ行う教科担任と保護者との面談は、大変有意義に感じられました。

さらに発展させて、通知表に資料4-8のようなルーブリック示すことも考えられます。二〇〇一年改訂の指導要録の観点と比較すると、「原理と一般化についての理解」は「社会的事象への関心・意欲・態度」や「社会的な思考・判断」に、「資料活用のスキルとプロセスの習得」は「資料活用の技能」に、「事実的知識や転移可能な概念の習得」は「社会的事象についての知識・理解」にほぼ対応すると考えられます。中学校一年生ではレベル1～3、二年生ではレベル2～4、三年生ではレベル3～5に分布すると想定されています。このような形でルーブリックを用いれば、中学校三年間を見通して長期的に学力保障を図っていくことができるでしょう。

なお、観点別評価を総括する「評定」については、パフォーマンス課題での評価が、評定の全体の4割程度を占めるように点数化しました。観点としては、「社会的な思考・判断」と「資料活用の技能・表現」にほぼ半分ずつ加点しました。ただし、上位の評価をしたレポートほど、概して深い思考が表現されている傾向が見られたので、「5　すばらしい」の評価は、「社会的な思考・判断」の割合を少し高めに設定しました。二〇一〇年改訂の新指導要録においては、「社会的な思考・判断・表現」の観点が設定されたので、この観点に対応する評価方法がパフォーマン

資料4－8　3年間で共通するルーブリックを用いる場合のイメージ

レベル2	レベル3	レベル4	レベル5
社会的な事象について、政治・経済・文化・人口・地形などの構成要素から何らかの根拠にもとづき主張を行うことができる。しかし、捉えられている因果関係は、表層的で単純なものにとどまる。	社会的な事象について、政治・経済・文化・人口・地形などの構成要素から2つ以上の視点をもつことができる。これらの視点を関連づけつつ分析し、具体的な根拠を挙げて明確な主張を述べることができる。	社会的な事象について、政治・経済・文化・人口・地形などの構成要素から2つ以上の視点をもつことができる。これらの視点を総合的に関連づけて分析し、具体的で詳細な根拠を挙げて説得力のある主張を組み立てることができる。	社会的な事象について、政治・経済・文化・人口・地形などの構成要素から3つ以上の視点をもつことができる。これらの視点を総合的に関連づけて多角的に分析し、最適で詳細かつ具体的な根拠を挙げて、非常に説得力のある主張を組み立てることができる。
基本的な資料を読み取ったり作成したりすることができる。	複数の資料を関連づけながら論述を行うことができる。	主張に適した多様な資料を複数関連づけて、説得力のある論述を行うことができる。	主張を明確にするために最適な資料を複数選択して、多角的に関連づけて、非常に説得力のある論述を行うことができる。
3年間で身につけるべき知識・概念を20～40％習得している。	3年間で身につけるべき知識・概念を40～60％習得している。	3年間で身につけるべき知識・概念を60～80％習得している。	3年間で身につけるべき知識・概念を80～100％習得している。

中学校1年生（レベル2～レベル3）

中学校2年生（レベル2～レベル4）

中学校3年生（レベル3～レベル5）

（西岡加名恵「『各教科の学習の記録』について」『指導と評価』2008年4月号、12ページ）

観点	評価方法	レベル1
原理と一般化についての理解（社会的な事象に関する思考力・判断力・表現力）	パフォーマンス課題（社会的な事象に関する論説文）	社会的な事象について、政治・経済・文化・人口・地形などの構成要素から事実を述べることはできる。しかし、断片的に羅列しているだけであり、主張と根拠を結びつけることに困難が見られる。
資料活用のスキルとプロセスの習得	パフォーマンス課題（同上） 実技テスト 筆記テスト	基本的な資料の読み取りや作成に困難をきたしている。
事実的知識や転移可能な概念の習得	筆記テスト	3年間で身につけるべき知識・概念を0～20%習得している。

ス課題だと考えれば、より単純に評定をつけることができるように思います。

（1）西岡加名恵・田中耕治編『「活用する力」を育てる授業と評価 中学校』（学事出版、二〇〇九年、一二ページ）。

おわりに

一九九五年の三月、オウム真理教による「地下鉄サリン事件」が起こりました。教員として一番ショックだったのは、この事件を引き起こした人たちは決して学校教育を逸脱していたわけではない、ということでした。

「学校の成績は優秀だったのになぜ、自分の行動の善悪の区別さえつかないまま成長してきたのだろうか……?」と驚きました。「こんな事件を起こす若者をもう絶対育ててはいけない……」と思いました。同時にこれまで自分が行ってきた暗記中心の社会科の授業では、社会をよくしていこうと考える大人に育てることはできないと確信したのです。

自分の授業を何とかしたくて、さまざまな教科の研究会や学会にも参加しました。けれど具体的にどう授業を変えたらよいのか、なかなかよいアイディアがまとまりませんでした。

そんな空回りを繰り返すなか、横浜国立大学教育人間科学部附属横浜中学校に赴任した年に、研究発表会の講師にいらした西岡加名恵先生の講演を聞く機会に恵まれました。そこで紹介された「逆向き設計」論の内容を聞いて、「これこそ私の求めていた学習方法だ!」と一瞬で察したのです。

この日から配付された資料をもとにして、毎日夢中で「逆向き設計」論にもとづいた授業を考え始めました。不明な点が出てくると、何回もしつこいくらい西岡先生にメールで質問しました。

それでも足りないと感じたときには、直接研究室を訪ねました。お言葉に甘えているうちに、年に数回はご指導いただくようになりました。西岡研究室の扉をたたくたびに、積年の悩みが少しずつ氷解していく心地よさがたまりませんでした。この場をお借りして、西岡先生に厚くお礼申し上げます。また、あまり体験したことのない授業に、戸惑いながらも前向きに取り組んでくれた附属横浜中学校の生徒たちと、日々の実践を支えてくれた教職員の方々に感謝申し上げます。そして実践者として、さまざまなアドバイスをくれた夫、敏樹に感謝しています。

パフォーマンス課題に取り組むのは、教師にとってもチャレンジです。パフォーマンス課題に取り組もうとする教師に求められるのは、授業に対する考え方の転換だと思います。評価方法や評価規準を最初にイメージして、そのための授業を計画できるようにするのです。一時間ごとの授業すべてを、最後に取り組むパフォーマンス課題に役立つために再構成します。今まで以上に、教科の目標や学習内容の本質とは何かを意識して教材研究を進める必要があります。それにはまず、生徒にこの教科で何を身につけさせるべきかを教師自身が明確にすることが大切です。

パフォーマンス課題をすべての単元で取り入れることは大変な作業でもありましたが、「教師として何を教えるべきか?」という大きな問いを投げかけられたようでやりがいも感じました。しかし、単元によっては適切な課題が思うように浮かばないものもあり、今まで何を教えていたのだろう、と自己嫌悪に陥ることもしばしばありました。生徒たちが徐々に理解を深めていくのだと同様に、教師自身のパフォーマンス課題に取り組む力も、徐々に身についていくものなのだと思います。

「逆向き設計」論にもとづいたパフォーマンス課題に取り組むことで教師の専門性が発揮され、生徒たちに真の「学力」が身につくことを願ってやみません。

最後になりましたが、拙い実践を世に問う機会を与えてくださった日本標準、とりわけ編集担当の郷田栄樹さんに、この場をお借りして心からお礼申し上げます。

三藤あさみ

●著者紹介

三藤あさみ（みふじ あさみ）
横浜隼人高等学校講師
横浜市立中学校教諭、横浜国立大学教育人間科学部附属横浜中学校教諭、横浜市教育委員会事務局指導主事、横浜市立中学校副校長を経て現職
横浜国立大学大学院教育学研究科修了　修士（教育学）
著書『「読解力」とは何か』『同 Part 2』（分担執筆、三省堂）、『「活用する力」を育てる授業と評価　中学校』（分担執筆、学事出版）など

西岡加名恵（にしおか かなえ）
京都大学大学院教育学研究科准教授　教育方法学（カリキュラム論・教育評価論）
著書『教科と総合学習のカリキュラム設計』（図書文化）、『新しい時代の教育課程』（共著、有斐閣）、『新しい教育評価入門』（共編著、有斐閣）、『「逆向き設計」で確かな学力を保障する』（編著、明治図書）、『時代を拓いた教師たち』『同Ⅱ』（分担執筆、日本標準）、『授業と評価をデザインする　理科』（共著、日本標準）、訳書に G. ウィギンズ／ J. マクタイ『理解をもたらすカリキュラム設計』（日本標準）など

日本標準ブックレット No.11
パフォーマンス評価にどう取り組むか
―中学校社会科のカリキュラムと授業づくり―

2010年8月1日　第1刷発行
2016年5月10日　第3刷発行

著　者　三藤あさみ・西岡加名恵
発行者　伊藤 潔
発行所　株式会社 日本標準
〒167-0052　東京都杉並区南荻窪 3-31-18
電話 03-3334-2630〔編集〕　03-3334-2620〔営業〕
ホームページ　http://www.nipponhyojun.co.jp/
デザイン・制作　有限会社 トビアス
印刷・製本　株式会社 リーブルテック

ISBN 978-4-8208-0466-6

「日本標準ブックレット」の刊行にあたって

日本国憲法がめざす理想の実現は、根本において教育の力に待つべきものとして教育基本法が制定され、戦後日本の教育ははじまりました。以来、教育制度、教育行政や学校、教師、子どもたちの姿など、教育の状況は幾多の変遷を経ながら現在に至っていますが、その中にあって、日々、目の前の子どもたちと向き合いながら積み重ねてきた全国の教師たちの実践が、次の時代を担う子どもたちの健やかな成長を助け、学力を保障しえてきたことは言うまでもないことです。

しかし今、学校と教師を取り巻く環境は、教育の状況を越えて日本社会それ自体の状況の変化の中で大きく揺れています。教育の現場で発生するさまざまな問題は、広く社会の関心事にもなるようになりました。競争社会と格差社会への著しい傾斜は、家庭や地域社会の教育力の低下をもたらしています。学校教育や教師への要望はさらに強まり、向けられるまなざしは厳しく、求められる役割はますます重くなってきているようです。そして、教師の世代交代という大きな波は、教育実践の継承が重要な課題になってきていることを示しています。

このような認識のもと、日本標準ブックレットをスタートさせることになりました。今を生きる教師に投げかけられている教育の課題は多種多様です。これらの課題について、時代の変化に伴う新しいテーマと、いつの時代にあっても確実に継承しておきたい普遍的なテーマを、教育に関心を持つ方々にわかりやすく提示しようというものです。このことによって教師にとってはこれからの道筋をつける手助けになることを目的としています。

このブックレットが、読者のみなさまにとって意義のある役割を果たせることを願ってやみません。

二〇〇六年三月　日本標準ブックレット編集室